O professor iniciante no ensino superior

APRENDER, ATUAR E INOVAR

Dados Internacionais de Catalogação na Publicação (CIP)
(Jeane Passos Santana – CRB 8ª/6189)

Gaeta, Cecília
   O professor iniciante no ensino superior: aprender, atuar e inovar / Cecília Gaeta, Marcos T. Masetto. – São Paulo : Editora Senac São Paulo, 2013.

   Bibliografia.
   ISBN 978-85-396-0411-1

   1. Ensino superior : Docência 2. Ensino superior : Atuação profissional : Docente 3. Ensino superior : Formação de docente I. Masetto, Marcos T. II. Título.

13-144s   CDD-378

Índice para catálogo sistemático:

   1. Ensino superior : Formação de docente   378

Cecília Gaeta & Marcos T. Masetto

O professor iniciante no ensino superior

APRENDER, ATUAR E INOVAR

Editora Senac São Paulo – São Paulo – 2013

ADMINISTRAÇÃO REGIONAL DO SENAC NO ESTADO DE SÃO PAULO
Presidente do Conselho Regional: Abram Szajman
Diretor do Departamento Regional: Luiz Francisco de A. Salgado
Superintendente Universitário e de Desenvolvimento: Luiz Carlos Dourado

EDITORA SENAC SÃO PAULO
Conselho Editorial: Luiz Francisco de A. Salgado
　　　　　　　　　 Luiz Carlos Dourado
　　　　　　　　　 Darcio Sayad Maia
　　　　　　　　　 Lucila Mara Sbrana Sciotti
　　　　　　　　　 Jeane Passos Santana

Gerente/Publisher: Jeane Passos Santana (jpassos@sp.senac.br)
Coordenação Editorial: Márcia Cavalheiro Rodrigues de Almeida (mcavalhe@sp.senac.br)
　　　　　　　　　　　　Thaís Carvalho Lisboa (thais.clisboa@sp.senac.br)
Comercial: Marcelo Nogueira da Silva (marcelo.nsilva@sp.senac.br)
Administrativo: Luís Américo Tousi Botelho (luis.tbotelho@sp.senac.br)

Edição de Texto: Rafael Barcellos Machado
Preparação de Texto: Jussara Berton
Ilustrações e Capa: Orlando Pedroso (www.orlandopedroso.com.br)
Revisão de Texto: Luciana Lima (coord.), Globaltec Editora Ltda.
Editoração Eletrônica: Globaltec Editora Ltda.
Impressão e Acabamento: Cromosete Gráfica e Editora Ltda

Proibida a reprodução sem autorização expressa.
Todos os direitos desta edição reservados à
Editora Senac São Paulo
Rua Rui Barbosa, 377 – 1º andar – Bela Vista – CEP 01326-010
Caixa Postal 1120 – CEP 01032-970 – São Paulo – SP
Tel. (11) 2187-4450 – Fax (11) 2187-4486
E-mail: editora@sp.senac.br
Home page: http://www.editorasenacsp.com.br

© Editora Senac São Paulo, 2013

Sumário

Nota do editor 7

Apresentação 9
    Aprender, atuar e inovar

Parte 1 – Onde e com o que nós, docentes do ensino superior, trabalhamos 13
    Tema 1 – Instituição de ensino superior: local de trabalho do professor 15
    Tema 2 – IES, produção de conhecimento e formação profissional 21
    Tema 3 – O novo papel do professor na organização curricular e pedagógica 25

Parte 2 – Com quem trabalhamos no ensino superior 33
    Tema 4 – Quem são os alunos do ensino superior 35
    Tema 5 – Como os alunos do ensino superior aprendem 43
    Tema 6 – As relações sociais em sala de aula e a aprendizagem colaborativa 53
    Tema 7 – O trabalho em equipe do professor com os seus pares 57

Parte 3 – Como trabalhamos no ensino superior 63
    Tema 8 – A sala de aula como território do professor 65
    Tema 9 – Planejar uma disciplina de um currículo 69
    Tema 10 – Como adequar o volume do conteúdo à carga horária 77
    Tema 11 – Docência com tecnologia faz a diferença? 81
    Tema 12 – Existe um modo diferente de avaliar 89

Parte 4 – Como podemos fazer a diferença 95
    Tema 13 – Ofício de professor 97
    Tema 14 – Profissionalidade e carreira docente 105
    Tema 15 – Ousar e inovar na atuação docente 115

Apêndice 1 – Organização do ensino 121
Apêndice 2 – Tipos de IES conforme sua organização 123
Bibliografia 125
Índice 137

Nota do editor

Iniciar uma carreira como docente no ensino superior tem se tornado uma tarefa cada vez mais complexa e desafiadora. Complexa, pois as mudanças promovidas pelas novas tecnologias levam a atuação do professor para além de sua especialização e da sala de aula; desafiadora, pois se vive um período de transição e rompimento com os padrões e modelos educacionais do passado, sem que ainda se tenha exata certeza do que virá pela frente.

Este é, certamente, um momento de desconstrução e reconstrução do papel do professor, um tempo que clama por uma reflexão acerca da contínua necessidade de se aprender e reaprender a ser um docente no ensino superior. E é nesse contexto e com esse propósito que Cecília Gaeta e Marcos T. Masetto nos convidam a ponderar maneiras de aprender a aprender, de aprender a atuar e de aprender a inovar no magistério.

Sem apontar respostas definitivas, os autores abrem espaço para um diálogo sobre a necessidade que os novos professores têm de "aprender, com base na prática docente e na reflexão sobre ela, a fazer o que não sabem fazer", debatendo expectativas, relacionamentos e mudanças que envolvem a profissão na atualidade.

Com esta publicação, o Senac São Paulo espera contribuir para as discussões a respeito da formação e da preparação dos docentes iniciantes no ensino superior.

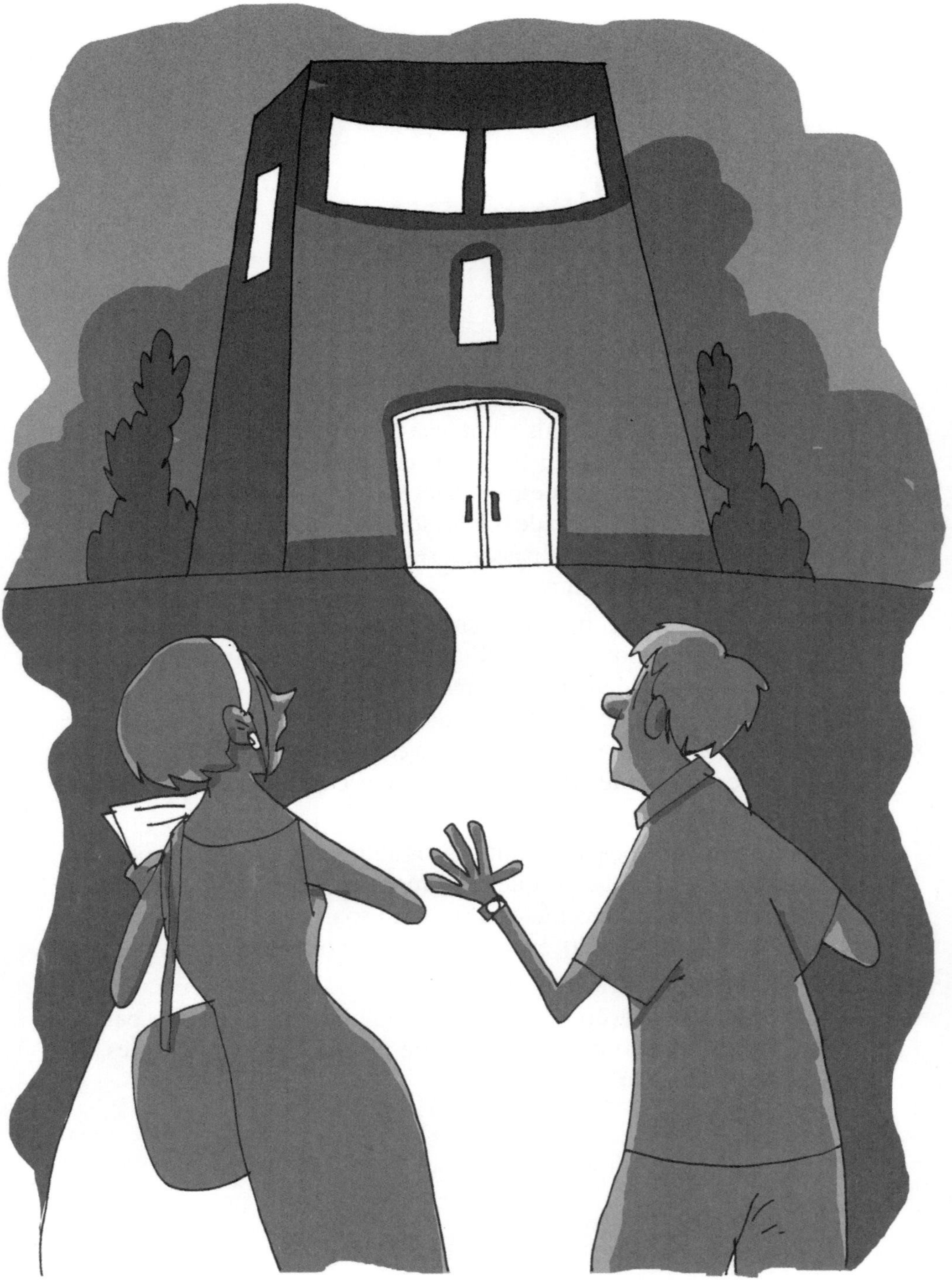

Apresentação

> No te puedo enseñar tu camino,
> pero quizá te sirva si te muestro
> cómo he andado el mío.
>
> Jordi Escartín

Aprender, atuar e inovar

No Brasil, de forma semelhante a vários outros lugares do mundo, podemos notar uma significativa valorização seguida de expansão do ensino superior, ocorrida nos últimos anos.[1] Isso tem aumentado a demanda por professores para atuarem nesse nível de ensino, abrindo ótimas oportunidades e perspectivas para quem deseja iniciar uma carreira no magistério superior.

Esse início pode ocorrer de diversas maneiras, envolvendo desde profissionais que exercem determinada atividade no mercado de trabalho e depois de alguns anos decidem enveredar pelo caminho da docência, até mestres e doutores, muitas vezes ainda bem jovens e quase sem experiência profissional ou de magistério, que se candidatam a lecionar no ensino superior.

---

[1] Segundo dados do Censo Superior 2011, o Brasil encerrou o ano de 2010 com 6,45 milhões de alunos no ensino superior, e nesse ano ingressaram 2,2 milhões. O número de alunos aumentou 7,1% entre 2009 e 2010 e 110% entre 2001 e 2010, evidenciando o crescimento desse nível educacional.

É natural que os professores iniciantes na docência do ensino superior, assim como outros profissionais em princípio de carreira, apresentem uma série de dúvidas, expectativas e ansiedades, tanto as relacionadas ao domínio do conteúdo específico de sua disciplina, quanto, principalmente, as vinculadas aos novos conceitos e propostas didáticas exigidas pelo sistema educacional vigente.

Isso acontece, pois o que se espera do professor atualmente é, em geral, muito diferente daquilo que se vivenciou em seu tempo de escola e de faculdade. As transformações verificadas no processo de ensino-aprendizagem, como o emprego de metodologias ativas, a organização de conteúdos de modo interdisciplinar e o papel dos professores como facilitadores, poderão impactar o entendimento do professor iniciante sobre o processo de ensino e a forma como planeja agir em sala de aula.

Perrenoud, em seu livro *A prática reflexiva no ofício do professor*, apresenta o professor principiante vivendo duas identidades: "a de estudante ou profissional de uma área e a de professor responsável por atividades e decisões perante um grupo de alunos". (Perrenoud, 2002, pp. 18-19)

Nessa situação, o professor iniciante pode apresentar sentimentos de estresse, angústia, dúvida e receio. Se de um lado deduz que, por ter sido aluno por vários anos e assistido a aulas de tantos professores, seria capaz de imitá-los, de outro ele sabe que não dispõe de experiência docente que lhe permita atuar com confiança e desenvoltura. Ele pode também se sentir sozinho no novo ambiente, sem saber onde buscar apoio e diálogo que o ajudem a enfrentar os questionamentos e desafios próprios da profissão.

Entendemos que esse professor iniciante apresenta uma primeira grande expectativa de **aprender** como exercer seu novo ofício, pois, na maioria dos casos, não lhe foi oferecida durante sua formação a oportunidade de aprender a ser docente no ensino superior, apesar de provavelmente ter entrado em contato com a ideia de que "o ofício de professor poderia ser entendido apenas como um importante acréscimo à parte profissional da sua formação, ultrapassando o domínio dos conteúdos a serem ensinados". (Perrenoud, 2002, p.10)

No momento em que se vê na iminência de entrar pela primeira vez em uma sala de aula do ensino superior, afloram as carências e consequentemente as expectativas e as angústias. Apresenta-se com urgência a necessidade de **aprender** aquilo que é indispensável para uma docência com competência e segurança.

Essa aprendizagem, porém, a maioria dos professores não adquire por meio dos moldes tradicionais de conferências, palestras, cursos, dicas ou receituários de comportamentos e atitudes. Eles esperam aprender, com base na prática docente e na reflexão sobre ela, a fazer o que não sabem fazer.

> "A formação de bons professores iniciantes tem a ver, acima de tudo, com a formação de pessoas capazes de evoluir, de aprender de acordo com a experiência, refletindo sobre o que gostariam de fazer, sobre o que realmente fizeram e sobre os resultados obtidos." (Perrenoud, 2002, p. 17)

Aprender seu ofício significa, para o professor, compreender que, para **atuar** adequadamente, não basta dar aulas: é preciso desenvolver a profissionalidade docente, o que pressupõe conhecimentos específicos. Gaeta aponta que a "sabedoria docente é complexa e abrange muitas facetas e dimensões, a maioria inter-relacionadas", entre elas o domínio do conteúdo, o engajamento com a organização curricular, a competência pedagógica, o desenvolvimento da identidade docente, a reflexão, a pesquisa e o planejamento da carreira docente (Perrenoud, 2002, pp. 27-36).

Para acrescentar mais complexidade ao processo de **aprender a atuar**, o docente iniciante enfrenta uma situação ímpar: o ensino superior na contemporaneidade se apresenta com perspectivas diferenciadas em relação à gestão do conhecimento, ao desenvolvimento de competências e de habilidades para o exercício das novas profissões e às atitudes de cidadania e responsabilidade social. Isso instiga o docente (novato ou não) a se perguntar como **inovar** em sua prática pedagógica para atender às demandas desse cenário com novos encaminhamentos e recursos, pois os tradicionais há muito já não respondem às atuais exigências.

Como docentes há muitos anos no ensino superior, sempre procuramos continuar aprendendo a nos tornar melhores professores. Acreditamos que são, sem dúvida, os docentes que devem não somente implantar as mudanças didáticas que surgem constantemente, mas também impulsionar as inovações para alcançar os ajustes e a consolidação de tais transformações.

Para isso, em muitas ocasiões nos vimos na necessidade de criar e inovar nossa prática, por exemplo, no entendimento de nosso novo papel; no relacionamento com os alunos, com nossos colegas e com a instituição como um todo; na compreensão da complexidade do processo de ensino; no planejamento de situações e atividades de aprendizagem; na adaptação e na criação de recursos e técnicas que servissem aos objetivos propostos; na revisão de nossos conceitos de avaliação e na aplicação de técnicas avaliativas.

Com este livro, visamos compartilhar com colegas que iniciam seu magistério no ensino superior nossas experiências, aprendizagens e descobertas relativas ao que traz maior dinamismo e eficácia à docência. Dessa forma, buscamos refletir sobre perspectivas de **aprender**, **atuar** e **inovar**, analisando o contexto em que os professores iniciantes vão adentrar, como se integrarão a ele e, principalmente, como poderão fazer a diferença em sua atuação.

Assim, organizamos o texto em quatro partes.

Na primeira, analisaremos onde e com o que nós, docentes do ensino superior, trabalhamos.

Na segunda parte investigamos com quem trabalhamos.

A terceira parte nos levará a compartilhar experiências sobre como trabalhamos no ensino superior.

A quarta parte apresenta nosso desafio: como fazemos a diferença.

Seja muito bem-vindo à docência no ensino superior.

Vamos iniciar nossa reflexão.

1 | Onde e com o que nós, docentes do ensino superior, trabalhamos

1 | Instituição de ensino superior: local de trabalho do professor
Tema

Onde trabalhamos?

A partir do momento em que você decide ser professor do ensino superior, fica muito claro que seu local de trabalho serão as instituições de ensino superior (IES), públicas ou particulares: universidades, centros universitários ou instituições não universitárias, locais onde se desenvolvem os cursos de graduação – tecnológicos, bacharelados ou licenciaturas. Mas um professor que vai iniciar seu magistério nesse nível de escolaridade pode se perguntar: mas, afinal, que lugar é esse em que vou trabalhar? O que realmente vou fazer ali?

Esses não são questionamentos irrelevantes. Apesar de já ter transitado vários anos na universidade como aluno, um professor iniciante no ensino superior ainda não conhece esse lugar como um local de trabalho. Escartín explicou isso da seguinte forma:

> O estudante que deixa de ser aluno para iniciar-se na profissão de docente universitário deve assumir um novo papel que comporta uma mudança de percepção da figura do professor. De um papel cômodo e anônimo de estudante protegido pelo grupo classe assume uma posição ativa frente a um grupo de alunos com idades próximas à sua, cujas aprendizagens dependem em parte da sua aptidão profissional. (Escartín *et al.*, 2008, p. 4)

A realidade profissional ainda é desconhecida do professor iniciante e se apresenta como uma série de interrogações: o que esperam de mim? Com quem vou me relacionar nesse trabalho? A quem devo responder como professor? Quem são meus colegas? Como será meu relacionamento com eles? Como se organiza esse ambiente? Como os alunos aprendem? Não se pode desconsiderar essas e outras ansiedades, inseguranças e expectativas. Portanto, explicitar e provocar reflexão acerca de algumas características desse ambiente educacional pode contribuir para uma mais rápida integração e aquisição de autoconfiança, necessárias para que se realize um trabalho diferenciado.

A organização do ensino superior

As instituições de ensino superior se diferenciam, basicamente, em dois aspectos:

1. Administrativo – de acordo com sua natureza jurídica e mantenedora, podem ser:
   a. públicas, quando criadas por um projeto de lei de iniciativa do Poder Executivo e aprovado pelo Poder Legislativo. São mantidas e administradas pelo governo (municipal, estadual ou federal);
   b. privadas, quando criadas por credenciamento junto ao Ministério da Educação. São mantidas e administradas por pessoas físicas ou jurídicas (particulares, comunitárias, confessionais e filantrópicas).
2. Acadêmico – a atual diretriz para o ensino superior, segundo a LDB de 1996,[2] admite que sejam credenciadas pelo MEC:[3]
   a. universidades, que são instituições pluricurriculares de formação dos quadros profissionais, caracterizadas pela indissociabilidade

---

[2] Disponível em http://portal.mec.gov.br/arquivos/pdf/ldb.pdf. Acesso em 15-5-2013.

[3] O MEC promove dois tipos de autorização de funcionamento para o ensino superior: o credenciamento e o recredenciamento periódico da instituição de ensino, de acordo com sua organização: universidade, centro universitário ou faculdade. São observados aspectos pedagógicos e administrativos, e é atribuída uma nota que permite a comparação do padrão de qualidade entre as IES. Além disso, há o processo de credenciamento ou recredenciamento dos cursos a serem oferecidos, que permite sua oferta, valida os certificados emitidos e evidencia a qualidade dos cursos em um *ranking* nacional.

das atividades de ensino, pesquisa e extensão, sobre as quais têm autonomia didática, administrativa e financeira. Devem possuir um terço do corpo docente com titulação de mestre ou doutor e um terço do corpo docente em regime integral. Assim, do professor ingressante, que obrigatoriamente terá passado por um concurso interno ou público, espera-se o comprometimento com a atuação nesses três eixos, com a produção intelectual institucionalizada e com a construção de uma carreira acadêmica;

b. centros universitários, instituições de ensino superior que também atuam com diferentes currículos de formação profissional e programas de educação superior, sobre os quais têm autonomia para criá-los, organizá-los e extingui-los, em sua sede. Caracterizam-se pelo foco no ensino mediante a oferta de cursos e atividades de extensão, mas não têm a obrigatoriedade de desenvolver pesquisas, embora alguns, pela excelência ou ambição de um dia tornarem-se universidades, possam ter um departamento dedicado à investigação. Precisam ter, no mínimo, um terço do corpo docente com mestrado ou doutorado e um quinto contratado em regime integral. Espera-se dos professores o comprometimento com o ensino e a extensão, havendo grande incentivo para que conciliem suas atividades docentes com as do mercado profissional, visto que a integração do mercado com a academia deve ser o diferencial da instituição;

c. instituições não universitárias têm o foco no ensino em determinadas áreas do conhecimento. São os Institutos Superiores de Educação, voltados para a formação para o magistério do ensino básico; os Centros Federais de Educação Tecnológica (CEFET) e os Centros de Educação Tecnológica (CET), que, como o nome diz, são voltados para a educação tecnológica; as Faculdades integradas, que são pluricurriculares e com regimento único; e as faculdades independentes.

Nos dois últimos casos, o processo para ingresso de novos professores se dá, na maioria das vezes, por processos seletivos particulares publicados em editais da instituição.

A titulação mínima para os professores poderem atuar no ensino superior é a especialização.

O ensino na graduação

O estabelecimento de propostas pedagógicas e a criação de cursos e de seus respectivos currículos baseiam-se nas Diretrizes Curriculares Nacionais[4] estabelecidas pelo Conselho Nacional de Educação, as quais firmam os parâmetros educacionais para cada curso e consideram tanto o perfil profissiográfico do egresso, contido na Classificação Brasileira das Ocupações (CBO) do Ministério do Trabalho e Emprego, quanto as demandas do mercado de trabalho.[5] Apesar dessa autonomia das IES, o MEC utiliza-se de mecanismos variados para o controle da qualidade do ensino, como os processos de credenciamento e recredenciamento das IES. São procedimentos regulares que ocorrem em períodos predeterminados e avaliam a proposta educacional e sua concretização.

Seja qual for o tipo de instituição, o nível de ensino da graduação tem o propósito de desenvolver a formação profissional, a integração de conhecimentos e competências vinculados a uma profissão em determinado contexto. Os cursos desse nível de ensino dividem-se em Tecnologia, Bacharelado e Licenciatura. Todos oferecem diploma de validade nacional e permitem a continuidade dos estudos na pós-graduação. Há ainda, no ensino superior, os cursos chamados sequenciais, que podem ser de dois tipos: os de formação específica, que oferecem um diploma (embora não seja de graduação), e os de complementação, que oferecem um certificado.

Nos cursos tecnológicos, essa formação é mais rápida (dois anos) e pretende desenvolver um saber bastante específico para uma rápida inserção no mercado de trabalho. A expectativa, nesse caso, é que o professor direcione sua docência para o desenvolvimento de competências em determinada área.

No caso dos bacharelados, a formação é de quatro anos, e espera-se que as IES desenvolvam nos alunos uma visão mais abrangente de determinado campo do saber, integrando seus conhecimentos específicos. O professor, então, deverá focar sua docência nos fundamentos

---

[4] Disponível em http://portal.mec.gov.br/index.php?option=com_content&view=article&id=12991 ou na LDB (Art. 21). Acesso em 4-7-2013.

[5] Disponível em www.mtecbo.gov.br/cbosite/pages/home.jsf. Acesso em: 1º-4-2013.

e na contextualização dos temas, procurando estabelecer os vínculos entre teoria e prática, entre o saber e o fazer.

A licenciatura é a formação para aqueles que pretendem desenvolver a docência para o ensino fundamental II e o ensino médio, e dos professores espera-se o desenvolvimento de competências pedagógicas com seus alunos.

Os cursos sequenciais são de curta duração e preveem uma formação mais direcionada e específica, ou uma formação complementar. Do professor espera-se um trabalho mais focado no saber fazer, voltado para um tema específico.

Conhecer a organização do ensino na graduação pode auxiliar o professor iniciante em seu processo de integração. Outras questões poderão surgir, sem dúvida, inclusive de maior complexidade e geradoras de outras angústias. Trata-se de um grande quebra-cabeça cujas peças vão se agregando por partes.

Tema 2 | IES, produção de conhecimento e formação profissional

Com o que trabalhamos?

A IES onde o professor vai lecionar se caracteriza como espaço e tempo onde se trabalha, em primeiro lugar, com o conhecimento sob as seguintes perspectivas: construção, produção (pesquisa), organização e socialização.

No Brasil, o ensino superior, desde seu início, tem se preocupado com a formação vinculada a diferentes carreiras, valendo-se da participação de profissionais e especialistas que transmitiam informações e práticas a seus alunos, avaliando-os para lhes conferir um diploma que permitiria sua atuação no mercado profissional. Nesse contexto, esperava-se do professor que fosse o representante oficial da ciência, devendo demonstrar sua competência na disciplina que lecionava.

A ênfase maior de sua docência estava na apresentação dos aspectos teóricos e na transmissão dos conhecimentos aceitos como necessários à formação profissional, enquanto a demonstração da prática profissional se restringia a exemplos, estudos de caso e práticas nos estágios, quando previstos no currículo.

No entanto, o trabalho na universidade tem sofrido uma mudança radical, no que se refere a sua característica de produtora e divulgadora da ciência, visto que o conhecimento pode ser produzido também em espaços, tempos e ambientes outros, além das IES, por profissionais que não necessariamente trabalham no ensino superior. Há ainda um consenso sobre o fato de que a explicação de fenômenos, a resolução de problemas e a construção da ciência exigem uma abordagem multi e interdisciplinar resultante do trabalho conjunto de várias áreas do saber. Isso nos faz refletir de forma diferente sobre com o que e como devemos trabalhar no ensino superior nesse novo contexto.

A expectativa é que o desenvolvimento cognitivo do aluno, o acesso mais imediato e democrático à informação, seus fundamentos e sua aplicação à realidade de todo o dia propiciem condições para que o aluno aprenda a construir seu conhecimento de forma individual e coletiva.

Assim sendo, o professor deverá estar atento para indicar autores e textos de outras áreas de conhecimento na consideração dos temas que aborda em sua disciplina, no intuito de incentivar o aluno a buscar as informações de que necessita, orientando-o nesse processo a abordar novas perspectivas, fomentando a pesquisa e a realização de projetos que integrem teoria e prática profissional.

Tudo isso são inovações na compreensão e no processo de se trabalhar com o conhecimento dentro das instituições de ensino superior, por meio das quais o professor deixa de centralizar e transmitir as informações que os alunos devem conhecer, para tornar-se um entre os vários elementos de um grupo que constroem conhecimento sobre determinado tema. Um elemento diferenciado, é verdade, por sua experiência e estudos anteriores, mas que se reconhece como participante do processo de aprender em conjunto com seus alunos.

As instituições de ensino superior e a formação do profissional

Outra característica das IES é serem o espaço e o tempo onde se formam profissionais de diversas carreiras. Antigamente havia certa clareza e unanimidade quanto ao perfil profissional pretendido e às competências a serem trabalhadas, que eram detalhadamente descritas nos documentos chamados Currículos Mínimos Nacionais de cada curso. Atualmente, porém, em razão do intercâmbio de conhecimentos, dos avanços tecnológicos, das práticas interprofissionais e das novas possibilidades de produção de bens e serviços, várias carreiras passam por momentos de crise, gerando muitas incertezas sobre a formação ideal no ensino superior. A aprovação das Diretrizes Curriculares Nacionais,[6] em substituição ao Currículo Mínimo, procurou retratar esse novo contexto de formação no ensino superior, propondo o aumento da abrangência curricular e ampliando a liberdade das IES na seleção das habilidades, conhecimentos e atitudes a serem desenvolvidos em cada curso, para atender às necessidades da sociedade e do mercado de trabalho, assim como as responsabilidades sociais dos profissionais.

Nesse contexto, o papel da IES como formadora de profissionais inova-se. Além de formar pessoas que dominam conhecimentos e técnicas específicos de uma determinada área, torna-se imprescindível a formação de um profissional cidadão competente, que busca resoluções para os problemas de sua comunidade, colaborando para seu desenvolvimento social e, ao mesmo tempo, analisando as consequências de suas decisões em vista dos aspectos éticos, ambientais, sociais, culturais e econômicos da população. Para que o professor compreenda como realizar sua docência visando colaborar para a formação desse profissional, será necessário:

a. colocar-se a par das Diretrizes Curriculares Nacionais (DCN) para os cursos de graduação em que atuará, identificando quais conhecimentos, competências e atitudes são propostos;

b. conhecer bem o projeto pedagógico do curso que vai lecionar, pois esse documento traz, de modo explícito e sucinto, quais competências das DCN foram privilegiadas pela instituição para definir o perfil do profissional egresso;

c. planejar sua disciplina de forma a contribuir para atender às propostas do projeto pedagógico da instituição.

Tais características do local de trabalho do docente nas IES são defendidas, em âmbito mundial, pela Unesco, que, em 1998, em sua

---

[6] A formulação de Diretrizes Curriculares Nacionais constitui uma atribuição da União que é exercida pelo Conselho Nacional de Educação, nos termos da Lei de Diretrizes e Bases (LDB, Art. 9º – Lei nº 9.394/96). Trata-se de um conjunto de definições doutrinárias sobre princípios, fundamentos e procedimentos que orientarão as instituições brasileiras dos sistemas de ensino, na organização, na articulação, no desenvolvimento e na avaliação de suas propostas pedagógicas. Disponível em http://portal.mec.gov.br/index.php?option=-com_content&view=article&id=12991:diretrizes-curriculares-cursos-de-graduacao-&catid=3. Acesso em: 4-7-2013.

Declaração Mundial sobre Educação Superior no século XXI, conceituou e definiu como missão da educação superior no mundo:

> [...] educar, formar e realizar pesquisas, formar pessoas altamente qualificadas, cidadãos responsáveis capazes de atender às necessidades de todos os aspectos da atividade humana, incluindo-se capacitações profissionais nas quais sejam combinados conhecimentos teóricos e práticos de alto nível, aprendendo a se adaptar constantemente às necessidades presentes e futuras da sociedade [...] prover oportunidades para aprendizagem permanente e de educação para a cidadania e a participação plena na sociedade [...] contribuir para a consolidação dos valores da sociedade [...] tratar dos problemas que afetam o bem-estar das comunidades e nações [...] ampliar sua função crítica com relação aos problemas éticos, culturais e sociais que afetam as populações. (Arts. 1º e 2º)

> Aproximações educacionais inovadoras [...] reformulando currículo, usando métodos que permitam ir além do domínio cognitivo das disciplinas, para facilitar a aquisição de conhecimentos práticos, competências e habilidades para a comunicação, análise criativa e crítica, reflexão independente e trabalho em equipes multiculturais [...] preparando novos professores, incentivando inovação constante nos planos curriculares, nas práticas pedagógicas e na adaptação aos diversos estilos de aprendizagem. (Arts. 9º e 10º). (Unesco, 1998)

Esse é o panorama que se apresenta como local de trabalho ao professor iniciante no ensino superior. Um local de trabalho complexo, difícil, que demanda tempo para ser compreendido por quem nele pretende atuar de forma competente e com profissionalismo, sendo, por isso mesmo, terrivelmente desafiador para os docentes iniciantes.

3
Tema

O novo papel do professor na organização curricular e pedagógica

O novo professor e o engajamento com o currículo

A relação do professor com o saber, na condição de especialista em um assunto, é diferente da relação com esse mesmo saber na condição de docente: há uma responsabilidade especial. É fundamental que o professor tenha uma clara compreensão de como esse conhecimento deve ser trabalhado, a fim de que seja significativo para os estudantes, ou seja, útil, acessível e claro.

Cada contexto exige o desenvolvimento adequado de áreas cognitivas, em um processo de aquisição, seleção, organização e elaboração de determinadas informações, em um processo de produção, reconstrução e atribuição de significado aos conhecimentos. A integração (e não a somatória) das áreas cognitivas específicas possibilita a formação profissional dos alunos de cada curso e, portanto, não deve ser feita de forma isolada, focada apenas na especificidade de uma matéria, mas numa proposta multi ou interdisciplinar dos conteúdos e numa construção conjunta entre todos os atores do processo de aprender.

O conhecimento e as competências a serem desenvolvidos em cada curso estão explícitos no currículo e no projeto pedagógico de cada instituição e devem servir de parâmetro para o professor organizar sua ação docente. Daí a importância de refletir sobre o tema.

Por não serem entidades neutras, as IES, ao estabelecerem seu currículo, imprimem nele sua missão institucional, suas expectativas pedagógicas, seu entendimento do que é ser profissional de determinada área e a aprendizagem que se precisa desenvolver para atingir a profissionalidade. Sendo assim, o professor que deseja se integrar a uma IES precisa aprender sobre o currículo do curso em que pretende lecionar, que vai variar de instituição para instituição e de um nível de curso para outro.

Ainda hoje no Brasil, na maioria das IES, influenciadas pelo cenário mundial, os currículos propostos são conservadores, técnicos e disciplinares. Apresentam uma configuração tradicional, apoiada no princípio de que o conhecimento de determinada área é complexo e precisa ser organizado por disciplinas para que o aluno possa compreendê-lo.

O princípio epistemológico que norteia esses currículos é o da lógica linear e dos pré-requisitos, teoria precedendo a prática, disciplinas independentes justapostas tanto na horizontal – entre disciplinas do mesmo período – quanto na vertical – umas após as outras na sequência das séries (Masetto, 2012).

Nesse sentido, estabelece-se um objetivo de conclusão, e as disciplinas justapostas organizam-se para desenvolver parte desse conhecimento, de modo que, ao final do curso, os alunos tenham obtido os saberes e as competências necessários para a sua formação profissional.

Os conteúdos curriculares, com frequência, são descontextualizados, e as disciplinas, trabalhadas de forma isolada. Dos professores espera-se que cumpram o programa estabelecido para a disciplina, transmitindo informações e experiências cuja eficácia poderia ser medida pelo número de alunos aprovados.

Mas, como temos visto neste livro, o conceito atual de currículo extrapola a visão de um produto, de um plano ou de um conjunto de ações e passa a ser entendido como um processo com diversas interferências que lhe atribuem valor e significado.

> O currículo passa a ser conhecido e interpretado como um todo significativo, um instrumento privilegiado de construção de identidades e subjetividade e [...] inclui o currículo formal (planos e ações), o currículo em ação (o que de fato acontece nas escolas) e o currículo oculto (regras e relações não explicitadas). (Moreira, 2003, p. 15)

Atualmente, construir um currículo é buscar novas possibilidades, desafiar limites, articular saberes, pensar novas formas de ensinar e aprender que atendam às exigências de nosso tempo e às futuras, assegurar uma aproximação entre as necessidades dos participantes e as atividades programadas, de modo flexível, interativo e produtivo.

Em outras palavras o currículo explicita a intencionalidade educacional e, na sua concepção, deve-se levar em conta:

a. se a filosofia educacional da IES, seus princípios e propostas pedagógicas estão claramente apresentados e se estão refletidos nas atividades de aprendizagem previstas;

b. se a estrutura curricular é constituída de forma coerente, ampla sem privilegiar apenas habilidades técnicas para inserção profissional, equilibrada com questões de cultura geral, estimulando a capacidade intelectual, desenvolvendo a independência e a consciência crítica;

c. se há a preocupação de promover a integração com outras áreas de conhecimento, proporcionando ao aluno o desvelamento de cada tema e de suas particularidades, bem como a análise das interligações com outras áreas do curso;

d. se a distribuição das atividades apresenta, ao mesmo tempo, uma sequência lógica e progressiva de aprendizagem, que propicie o atendimento do objetivo de formação proposto.

Ao entender o currículo dessa maneira, ou seja, como uma proposição educacional própria de cada IES e composto por um conjunto de conhecimentos (o saber saber); de vivências, competências e habilidades (o saber fazer); de atitudes e valores (o saber ser) e de relacionamento (o saber conviver), os quais os alunos precisam desenvolver de maneira integrada, mediante situações de aprendizagem, evidencia-se que a expectativa de cada IES sobre o papel do professor altera-se: já não basta vir dar aulas. É preciso compreender e se engajar no currículo proposto pela instituição na qual se trabalha. E isso significa repensar o individualismo e o isolamento do professor em sua sala de aula. Significa trabalhar em prol de uma prática compartilhada, com a participação e a integração dos docentes. Significa cooperação e diálogo entre professores, alunos e IES. Significa inovar a ação docente.

Nesse contexto, o papel do professor no planejamento de sua unidade de ensino extrapola a simples seleção do que ensinar na sua matéria. O papel do professor é o de alguém que interpreta o currículo e colabora para o seu desenvolvimento.

Ao engajar-se criticamente, o professor oferece algum sentido à direção da aprendizagem, em termos de resultados e prioridades, tornando-se participativo e corresponsável pelo processo de aprender e pelo currículo, além de colaborar para definir as expectativas e os propósitos mútuos de transformar um grupo de estudantes numa comunidade de aprendizagem profissional.

Formação profissional e o projeto pedagógico de um curso

Outra pergunta que o professor iniciante na docência do ensino superior logo se faz é a seguinte: o que é e para que serve um projeto pedagógico?

Uma pergunta bem diferente daquela que os docentes mais antigos se faziam quando iniciavam sua carreira, quando sua grande e primeira preocupação era saber o que iriam ensinar aos alunos, que conteúdo iriam abordar.

A diferença está na abrangência das perguntas e das respectivas respostas.

Enquanto antes a resposta se restringia ao programa preestabelecido da disciplina a ser ensinada, que era apresentado pelo departamento ou pela coordenação de um curso, atualmente, as preocupações são mais complexas, pois o professor entra em sala de aula não apenas para ensinar seus alunos, mas para contribuir para a formação profissional de cada egresso.

Atualmente, essa formação abrange dimensões que superam as preocupações com o desenvolvimento intelectual ou cognitivo, pelo qual o aluno adquire informações necessárias e atuais para o exercício de sua profissão. Envolve também o desenvolvimento de suas operações mentais de raciocinar, de pensar, de tirar conclusões, de comparar informações e selecioná-las, de criticá-las e de buscar sempre novas informações para construir seu mundo intelectual.

Compreende o desenvolvimento de suas habilidades para aplicar o conhecimento adquirido no exercício de sua profissão, aprender como usar as informações para que seu trabalho profissional seja competente e adequado às necessidades, atualizar-se com novas informações; aprender a trabalhar em equipes formadas por profissionais da mesma área e/ou por profissionais de áreas diferentes e complementares (equipes multidisciplinares ou interdisciplinares ou interprofissionais); aprender a resolver problemas, elaborar e implementar projetos.

Envolve aprender a perceber e analisar valores éticos, culturais, sociais, econômicos, políticos, ambientais, presentes nas atitudes e decisões técnicas e profissionais.

O profissional precisa se formar com ampla competência técnica em sua área, mas ao mesmo tempo com profundo comprometimento com a cidadania. Deve compreender e ter como objetivo o fato de que, ao exercer sua função, ele está prestando um serviço à coletividade, contribuindo de forma consciente para atender suas necessidades e melhorar sua condição de vida. Como vimos anteriormente, as competências profissionais a serem desenvolvidas com nossos graduandos estão arroladas nas DCN e explicitadas nos currículos de cada IES, orientando a construção de todos os cursos de graduação do país.

Projeto pedagógico: um documento importante

A esta altura você pode estar se perguntando: mas, afinal, o que tudo isso tem a ver com o projeto pedagógico de um curso?

Para que um curso de graduação possibilite que seus alunos adquiram a formação proposta pelas Diretrizes Curriculares Nacionais, é preciso que se discuta e estabeleça, com o apoio dos professores, o perfil do profissional a ser formado e a organização do curso para que se alcance tal finalidade. Desse debate nasce o projeto pedagógico de um curso, um documento que:

- consolida o que, o por que, o quando e o como ensinar;
- define os perfis dos profissionais que se pretende formar, explicitando seu compromisso social com competência e cidadania;
- estabelece sua marca, sua missão, sua visão de sociedade e de ensino, ao estabelecer e dar sentido ao compromisso social que determinado curso assume com a formação;
- planeja as atividades e projetos que o curso pretende desenvolver nas áreas de ensino, pesquisa e extensão, buscando superar a fragmentação das áreas do conhecimento, integrando as atividades acadêmicas;

- organiza a estrutura do curso, com os objetivos, componentes curriculares, metodologia e processo avaliativo a serem adotados, assim como os produtos a serem entregues para conclusão do curso;
- identifica e aponta perfis para a contratação dos profissionais necessários e capacitados para a realização das atividades acadêmicas;
- planeja e institui os recursos necessários para que se alcancem seus objetivos: espaço, laboratório, biblioteca, videoteca, internet, secretaria, serviços gerais e toda a infraestrutura necessária para o funcionamento adequado aos fins que se pretende atingir (Masetto, 2012, p. 71).

O projeto pedagógico se apresenta como um documento importante e fundamental para promover a integração das áreas do conhecimento com a articulação orgânica entre professores, alunos, disciplinas, atividades pedagógicas e de interação com a sociedade. Sua leitura cuidadosa e sua interpretação crítica apresentam ao professor mais do que informações administrativas burocráticas, oferecendo elementos essenciais para uma atuação qualificada, tais como:

a. as diretrizes claras e objetivas sobre as competências a serem desenvolvidas na formação do graduando. O projeto pedagógico apresenta TODAS as competências que precisarão ser desenvolvidas pelo conjunto de componentes planejados para a formação profissional dos alunos. Isso quer dizer que cabe ao professor conhecer quais competências são de responsabilidade de sua disciplina e como elas integram o todo que se pretende trabalhar. Cada disciplina e cada professor devem estar comprometidos com o resultado final de formação do aluno;

b. o conjunto das disciplinas e das atividades que o aluno vai realizar durante todo o curso, permitindo a cada professor compreender a relação de sequência e complementaridade de sua disciplina com as demais, principalmente as que serão ministradas no mesmo semestre. Esse panorama das disciplinas facilita uma possível integração entre elas e, sobretudo, pretende evitar a repetição de temas ou assuntos;

c. as orientações para o uso de metodologias ativas nas aulas, procurando incentivar a participação dos alunos, a dinamização do espaço e o tempo de aula, o trabalho em equipe entre professor e aluno e entre os alunos, as orientações para uso e exploração dos ambientes virtuais e profissionais;

d. por último, encontrará as diretrizes para o acompanhamento do processo de entrega de produtos parciais e finais e da respectiva avaliação.

Respondendo à pergunta inicial deste item, o professor iniciante vai encontrar no projeto pedagógico as diretrizes básicas para planejar e desenvolver sua disciplina, de acordo com a proposta educacional da IES em que irá atuar. Sem conhecer esse projeto, correrá o risco de iniciar sua docência de forma equivocada, como era feito anteriormente, preocupando-se unicamente com o conteúdo de sua disciplina, que é apenas um entre os vários aspectos de seu trabalho. É por meio do projeto pedagógico que ele poderá definir os objetivos de formação profissional a serem trabalhados, a maneira como se realizará a interação entre professor e alunos, as estratégias e metodologias de que lançará mão para incentivar o aluno a aprender e como organizará um processo de avaliação que colabore com a formação de seus alunos.

2 | Com quem trabalhamos no ensino superior

4
Tema
Quem são os alunos do ensino superior

Hoje em dia, a educação superior já não é mais privilégio para poucas pessoas. A democratização do acesso a esse nível de ensino, a inserção bastante significativa das mulheres nesse universo e as expectativas de ascensão social que lhe são inerentes, tornaram a faculdade uma aspiração possível para faixas cada vez mais amplas da população.

Uma das consequências mais significativas dessa massificação do ensino é a diversidade dos alunos: a variação social, econômica e cultural, a diferenciação no histórico escolar e dos saberes e competências anteriormente desenvolvidos, a divergência de motivações e expectativas profissionais, as diferenças individuais e os traços de personalidade, sejam por suas características genéticas, sejam pelas experiências de vida.

É nesse *mix* cultural, nesse contexto cada vez mais heterogêneo, que alunos e professores transitam e participam do processo de aprendizagem para a formação profissional. Desafios, conflitos, incertezas fazem parte do dia a dia; conhecer e tentar entender algumas das características relativas à maioria dos alunos pode facilitar o trabalho do professor de organizar sua ação docente.

O jovem adulto

Popularmente, pensamos no adulto como pessoa mais velha. Zabalza (2004, p. 187) diz que "os 17, 18 anos, dos estudantes do ensino superior são suficientes para lhes dar esse *status* e por isso podemos dizer com razão que são sujeitos adultos, em total posse de sua capacidade de decisão". Na fase adulta, as pessoas têm autonomia e capacidade crítica para definir seus objetivos profissionais, aprender com seus erros e escolher seus próprios interesses e caminhos.

O que podemos perceber em nossas salas de aula é que nossos alunos, principalmente nas séries iniciais dos cursos de graduação, são jovens adultos em formação, com dúvidas sobre o caminho a seguir e os objetivos a alcançar.

Mas não há como negar que trazem para a sala de aula um conjunto de conhecimentos prévios, vivências, motivações, capacidade de trabalho e expectativas que devem ser prioritariamente considerados para um efetivo processo de aprendizagem.

Cabe ao educador identificar o nível de maturidade dos alunos, conhecer seus interesses e suas necessidades para orientá-los no processo de desenvolvimento profissional.

Nos espaços de aprendizagem, o universo e o interesse dos alunos e as intervenções objetivas e bem mediadas do professor devem confluir para a construção do conhecimento profissional, visto que o jovem adulto aprende com base no significado que o aprendizado tem para sua vida.

Nesse contexto, a didática precisa inovar-se; o acúmulo de informações descontextualizadas já não surte efeito; não basta ao professor ensinar, ele deve desenvolver a aprendizagem do aluno e com o aluno. Este, por sua vez, deixa seu papel passivo de expectador e torna-se ativo e influente no seu processo de aprender. Trata-se, como diz Masetto (2003, p. 57), de uma "atitude de *parceria e corresponsabilidade* pelo processo de aprendizagem entre aluno e professor e na aceitação de *uma relação entre adultos*". Muitos consideraram essas mudanças de perspectiva uma significativa e inovadora reviravolta no ensino superior.

Esses jovens adultos, nossos alunos do ensino superior, também apresentam novas características: seu perfil mudou, é fato. Nem é preciso recorrer a pesquisas, basta observar a sala de aula. E não estamos aqui meramente nos referindo ao uso dos computadores e meios digitais. Há um conjunto de alterações comportamentais nas atuais gerações de jovens, que vem tendo um impacto direto e contundente na sala de aula.

Quem não se recorda, por ter vivenciado ou por ter ouvido de seus pais, da formatação tradicional das classes do ensino superior? Podiam ser consideradas homogêneas: na maioria, de alunos, com exceção de algumas áreas consideradas tipicamente femininas (por exemplo, educação, enfermagem, psicologia), oriundos de extratos econômicos e sociais muito semelhantes e com expectativas e interesses voltados à formação de um profissional qualificado e diferenciado.

Havia "respeito no ar", fosse pelo espaço de aprendizagem, fosse pela figura do professor. Os estudantes, sem muito questionar, procuravam acompanhar o raciocínio da exposição do professor, anotando "tudo" no caderno para futuros estudos e resolução de exercícios. Era uma forma de aprender passiva e linear: ouvir, ler as fontes indicadas pelo professor, processar/memorizar, repetir, aplicar.

O erro era considerado uma falha no processo de aprendizagem que exigia recuperação, por meio de estudos mais intensos ou pela reprovação. Poucos questionavam sobre a importância ou necessidade daquele conteúdo ou daquela metodologia: os alunos sabiam que estavam na escola para aprender o que lhes dissessem para aprender, convencidos de que, ao reproduzir o saber e a experiência dos professores, garantiriam a qualificação profissional.

Hoje, quando observamos a sala de aula, notamos claramente que a geração que a frequenta é outra. Muitas características de comportamento e expectativa a distinguem.

Características dos alunos do ensino superior

"Para minha geração, não há mais uma divisão clara do que é estar *on-line* ou *off-line*. Sempre estamos *on-line*", disse o jovem Mike Krieger em entrevista à revista *Veja*.[7]

Sendo influenciados permanentemente pela tecnologia, nossos alunos atuais são ativos e multitarefas ao extremo: quem, a não ser eles, é capaz de escrever ou estudar um texto ao mesmo tempo em que ouve música, fala ao telefone e dá uma espiada no que acontece na tevê?

---

[7] "Os filhos da inovação", em *Veja*, São Paulo, Abril, edição nº 2264, ano 45, nº 15, 11-4-2012.

Essa geração tem a capacidade de ouvir/assistir a vários programas em diferentes aparelhos, simultaneamente. Tem sensibilidade aguçada para distinguir os sinais de entrada e escolher a qual dar atenção. Concentra-se momentaneamente em um tema e dispersa-se assim que estiver satisfeita: um programa de tevê, um filme, uma reportagem em vídeo, uma pesquisa na web ou um amigo conectado.

Apesar de nossos pais terem nos ensinado que fazer uma coisa de cada vez é sinônimo de qualidade, no contexto atual, utilizar diferentes fontes de informação e desenvolver competência para direcionar a atenção de forma a rapidamente selecionar os dados por interesse é uma estratégia de sobrevivência em um mundo em que se tem de lidar com a abundância de informações e a facilidade de acesso a elas.

As multitarefas colaboram com a aprendizagem, pois permitem que os alunos se concentrem naquilo que é importante para eles, a qualquer momento e em qualquer situação, mas com um detalhe importante: a atenção está diretamente relacionada ao significado.

Os alunos consideram aquilo que o professor tem a oferecer ou orientar, mas com o foco nas metas deles. Nesse sentido, a sala de aula tradicional pode parecer uma única e desestimulante fonte de informação, que provoca alto índice de dispersão dos "alunos multitarefas", tornando-se contraproducente para o processo de aprendizagem.

Influenciados pelo acesso fácil a informações via internet, os estudantes são independentes, ativos, imediatistas quanto ao fácil e rápido retorno a seus "questionamentos". Ao zapear, processam informações mais rapidamente e desenvolvem critérios eficientes para encontrar indicadores do que é importante.

Mesmo que ao procederem dessa forma pareçam ter uma visão superficial, fragmentada e imediatista da realidade, eles aprenderam a inter-relacionar os dados de modo a obter uma visão do todo. Os detalhes, o aprofundamento e o conhecimento específico vêm depois, se isso for de interesse.

A consequência disso é o extremo utilitarismo do conhecimento, a busca pela aplicabilidade imediata a tudo o que os rodeia ou, em outras palavras, os estudantes estão direcionados a aprender o que para eles importa, e buscam, para cada experiência vivida em sala de aula, significado e justificativa.

São questionadores. Cada vez mais os professores ouvem "afinal, para que serve isso que eu estou aprendendo?". Impacientes, os alunos não querem criticar tudo ou refletir sobre tudo. Querem escolher o que interessa no momento, pois consideram que podem retomar o processo de aprender quantas vezes for necessário e importante. Para que, então, estudar tudo isso agora?

Os jogos on-line lhes permitem aprender por meio da descoberta e da experimentação, pois o computador lhes dá a oportunidade de recomeçar sempre que desejarem. A falta de cobrança ou punição dessa dinâmica lhes confere confiança e autoestima para enfrentar novos desafios.

Assim, eles buscam a utilidade do aprender, com respostas objetivas às suas perguntas, evitando perder-se nesse enorme universo de informações que estarão sempre disponíveis quando precisarem.

Outro traço característico das novas gerações, que acrescenta mais um desafio ao fazer docente, é que os alunos costumam navegar em um universo de dados que não se apresenta exclusivamente na forma analógica, escrita; muito pelo contrário, ele é icônico e se conecta o tempo todo de forma ramificada. Eles interpretam outras formas de transmissão de dados, como imagens e vídeos, compreendem e dominam os fluxos de informações para encontrá-las, ou seja, aprenderam a investigar com base em palavras-chave que os direcionem para as informações desejadas.

Trata-se de uma atitude investigativa direcionada por objetivos específicos e imediatos. "[...] é um aprendiz ativo, que adota uma abordagem não linear pela qual formula a sequência de perguntas necessárias e eficientes à pesquisa que realiza". (Veen & Vrakking, 2009, p. 68)

Nossos alunos atuais desenvolveram habilidades para relacionar-se com o mundo que trabalha em rede: aprendem de forma não linear, interconectando informações de diversas áreas rapidamente, tecendo seu conhecimento de acordo com suas necessidades e com contribuições de diferentes origens e formas, como uma grande teia. Eles são digitais, e não analógicos, e sentem-se confortáveis em compreender fatos e resolver problemas com base em metodologias ativas e flexíveis.

Além disso, estão em contato com muitas e diferentes pessoas, de vários locais e com diversas histórias de vida, que podem agregar informações e ajudar a construir conhecimentos. Existem ainda jogos que, em razão da complexidade crescente de algumas jogadas, exigem a colaboração de todos os participantes para que os desafios sejam vencidos e se possa continuar.

Trata-se de um verdadeiro trabalho em equipe, com liderança e planejamento para escolher táticas e resolver problemas, visto que a colaboração é uma estratégia vital. Isso desenvolve em nossos alunos a capacidade de trabalhar efetivamente de forma colaborativa, muito mais do que faziam as gerações anteriores.

Seletiva, flexível e pragmática na vida extraescolar, essa geração traz para a classe alunos irrequietos e com resistência ou, no mínimo, com desinteresse pela organização da escola, pela aprendizagem em que exercem um papel passivo, pelos métodos que não os desafiam, por conteúdos para os quais não veem aplicabilidade, mesmo que alguém lhes diga que no futuro perceberão a validade daquilo que aprenderam. Se o futuro é uma incógnita, que os desafios sejam respondidos à medida que surgirem e com o auxílio da rede.

O modo de vida intraescolar é muito, muito diferente do mundo extraescolar dessa geração. Não é necessário esperar até a faculdade e encontrar um professor para aprender: "a escola é apenas parte de sua vida, não é a atividade principal para a aprendizagem". (Veen & Wrakking, 2009, p. 32)

Como dizem os jovens entrevistados pela revista *Veja* em abril de 2012:

> "Fazer faculdade não faz mais diferença, é bom apenas para fazer *networking*, descobrir com quem posso trabalhar um dia [...]"
>
> "Acho a escola uma chatice, só ensinam mais do mesmo [...] quero estar em um lugar onde possa liderar em inovações tecnológicas que realmente façam diferença na vida das pessoas".[8]

Essa geração, que já foi identificada por variados nomes, difere de qualquer outra porque "nasceu na era digital, onde as informações e comunicações estão disponíveis a quase todas as pessoas e podem ser utilizadas de forma ativa e intensa". (Veen & Wrakking, 2009, p. 29)

---

[8] *Ibidem.*

Essa é uma grande diferença na concepção de aluno: o uso e as facilidades da tecnologia influenciaram seu modo de pensar. Por que esperar o tempo do professor ou do programa institucional para responder a suas dúvidas? Como e por que acreditar que a resposta do professor é única e inquestionável? Os mecanismos de busca oferecem um método totalmente novo de navegar e de saciar a curiosidade intelectual dos jovens. Qual é a importância e a utilidade disso que estou aprendendo? Para que tanto formalismo, programa institucional, burocracia? Para que padronização, organização seriada, separação por disciplinas? A internet não exige formalidade, lexia, gramática para se fazer entender. As regras são utilitárias. Os valores são flexíveis e mutáveis. Qualquer pessoa ou informação está a um clique de distância. Há conectividade, dinamismo, variedade, seleção e ritmo próprio.

O professor e os alunos do ensino superior

Nós, professores, ao entrarmos em sala de aula, encontraremos um público com características próprias, com o qual compartilharemos um período letivo. Alguns provavelmente encontrarão dificuldades em entender a lógica do aluno, em trabalhar com esse universo em nossas classes.

Frequentemente ouvimos depoimentos de professores sobre seus alunos, alegando falta de compromisso e de motivação, desinteresse pela própria aprendizagem, passividade, individualismo, falta de criticidade e de questionamento, interesse apenas pela nota e pela obtenção do diploma, imaturidade e dificuldade em interpretação e redação de textos. É preciso reconhecer que não é fácil lidar com a diversidade, tarefa que no dia a dia toma proporções complexas e desafia o professor.

Quanto mais nós, professores, nos preocuparmos em identificar, entender quem são, o que sabem, o que querem esses alunos, mais teremos pistas para analisar e organizar ações docentes significativas. Mais elementos teremos para imprimir ritmos de aprendizagens, escolher estratégias, proporcionar e mediar espaços de aprendizagem que desafiem e motivem os alunos e, assim, minimizar as dificuldades apresentadas. Um ambiente produtivo e gratificante para todos os envolvidos no processo.

5 | Como os alunos do ensino superior aprendem
Tema

Conhecer como os alunos aprendem é estratégico para o professor porque oferece indicações valiosas sobre como orientar a aprendizagem de forma a torná-la uma experiência significativa e produtiva.

O professor encontrará em sala de aula um público com características peculiares e variadas a cada turma. São jovens que estão amadurecendo, mudando gradativamente sua forma de ver e se relacionar consigo mesmos e com o mundo. Estão passando de um estado de dependência para um de independência e responsabilidade. Estão aprimorando sua capacidade de autocognição para adquirir novos conhecimentos, para desenvolver outras competências e até para mudar seu comportamento e rever seus valores. Estão se tornando adultos.

Esses alunos apresentam formas de aprender diferentes daquelas vivenciadas nos ciclos de ensino anteriores. Principalmente nos anos iniciais do ensino superior, esses jovens estão em uma fase de transição gradativa nas formas de construir seu conhecimento, e nós professores, ao considerarmos esse processo, teremos melhores condições de planejar atividades de aprendizagem de modo a explorar e desenvolver as capacidades de cada um.

Em alguns momentos de sua nova vida acadêmica, os estudantes demandarão um processo de aprendizagem mais direcionado, centrado no professor. Trata-se de um modelo conteudista de aprendizagem que é próprio da pedagogia.

Mas em outros momentos o acúmulo indiscriminado de informações, a ênfase no conteúdo não surte mais efeito na maioria das situações, porque esse aluno tem habilidades intelectuais mais desenvolvidas, já acumulou algumas experiências e tem uma expectativa diferenciada do que é aprender, sobre o que, como e por que aprender. Nesses casos, o professor pode valer-se dos princípios da andragogia, que pressupõe o processo centrado na aprendizagem e não no ensino e entende o aluno como o agente de seu próprio processo de aprender.

Entendemos que a pedagogia e a andragogia são métodos diferentes de desenvolver a aprendizagem e que podem ser utilizados conforme as características de maturidade intelectual que apresentam os alunos, independentemente de suas idades cronológicas. Baseados principalmente no trabalho de Smith (1999), elaboramos o quadro a seguir para facilitar o entendimento dessas diferenças.

Quadro 1 – Diferenças entre pedagogia e andragogia

	Pedagogia	Andragogia
O aluno	É aprendiz e, como tal, dependente do que o professor tem a ensinar.	É coautor e está mobilizado para a independência – autoaprendizagem.
Prontidão para aprender	O aluno aprende o que a sociedade espera que ele aprenda.	O aluno conhece suas necessidades e aprende aquilo que precisa aprender.
O professor	O professor dirige o que deve ser aprendido, quando e como e testa se houve aprendizagem.	O professor incentiva e orienta o processo de aprendizagem do aluno, aprendendo junto com ele.
A experiência do aluno	Tem pouco valor. O que conta é a experiência do professor e dos estudiosos da área.	Tem muito valor para o aprendizado.
Currículo	O currículo é padronizado, e os conteúdos são organizados pragmaticamente.	O currículo é organizado em função da aplicabilidade, e os conteúdos são organizados por objetivos.

	Pedagogia	**Andragogia**
Objetivo da aprendizagem	Aquisição e domínio de temas/conteúdos que serão necessários para a aprendizagem.	Aprender o que tem significado, aplicabilidade e realmente fará diferença na vida.
Motivação	Os incentivos são externos: notas, aprovação, entre outros.	Motivação interna, vontade de crescer e se aperfeiçoar. Realização pessoal.
Metodologias	Os métodos didáticos estão mais centrados na atuação do professor.	Experiências de aprendizagem. Exemplos de estratégias: discussões, estudos de caso, resolução de problemas, entre outros.

A aprendizagem e a mudança

Além de considerar o processo peculiar pelo qual os alunos do ensino superior estão passando e adaptar seus métodos de desenvolver a aprendizagem, nós, professores, devemos compreender também um aspecto fundamental: não há aprendizagem sem mudança. A aprendizagem ocorre quando substituímos o que sabemos por algo novo, que consideramos mais importante do que permanecer onde estávamos, ou seja, é a insatisfação que nos mobiliza para a mudança.

A mudança pode ocorrer por acaso. Quando um fator externo qualquer faz despertar nossas potencialidades que ficaram latentes, porque foram esquecidas ou censuradas, ou mesmo pouco estimuladas, por exemplo, quando o professor lança um desafio que exige habilidades diferentes daquelas que estamos acostumados a utilizar. A mudança pode ocorrer, também, por pressão externa, quando percebemos que, se não mudarmos, teremos prejuízos; eventualmente, podemos perder nossa posição no grupo, os direitos conquistados, o ano escolar já cursado, etc. Nesses casos, dizemos que as mudanças são extrínsecas e na maior parte das vezes são efêmeras. (Afastada a ameaça ou o estímulo, a tendência é voltar à situação anterior.)

A mudança intrínseca é aquela que resulta de um processo de autorreflexão:

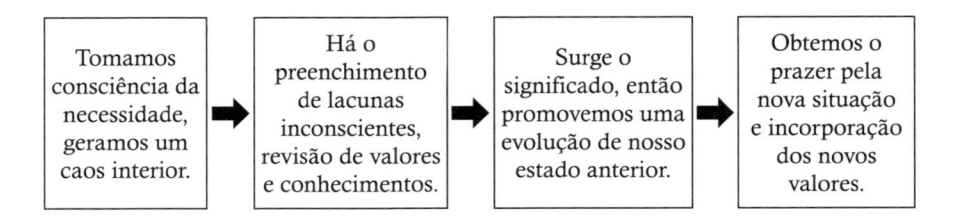

| Tomamos consciência da necessidade, geramos um caos interior. | → | Há o preenchimento de lacunas inconscientes, revisão de valores e conhecimentos. | → | Surge o significado, então promovemos uma evolução de nosso estado anterior. | → | Obtemos o prazer pela nova situação e incorporação dos novos valores. |

Essa mudança é considerada perene, ou seja, dura até que um novo processo reflexivo a transforme novamente.

Ressaltamos o papel do significado para gerar mudança e aprendizagem. Os alunos que vêm para o ensino superior o fazem em busca da profissionalização. Eles têm a expectativa de adquirir conhecimentos e habilidades para os usarem em seus trabalhos futuros. Nesse sentido, ganham relevância as aprendizagens relacionadas à vida real, prática, que realmente farão diferença em sua atuação.

Quando afirmamos que não ocorre aprendizagem sem mudanças, estamos ressaltando o papel do professor como um "gerenciador de mudanças significativas" (Rogers, 2011, p. 25). O professor deve desestabilizar seus alunos, deve lançar desafios que os levem à reflexão, deve motivá-los a mudar. A mesma autora (2011, p. 36) aponta que "para aprender precisa estar motivado, para ensinar é preciso descobrir e manter a motivação".

Como motivar nossos alunos? Em primeiro lugar, alterando nossa expectativa do papel do aluno: de passivos receptores de conteúdos a contínuos indagadores sobre o que e por que aprender. Em segundo lugar, planejando objetivos claros, factíveis, selecionando temas relevantes, dinamizando e inovando metodologias para proporcionar um papel ativo aos estudantes nas situações de sala de aula. Os estudantes devem ser incentivados a trocar experiências e informações, resolver questões em conjunto, em um contínuo e promissor processo de questionamento, em que podem ter início os processos de reflexão para a mudança e para a aprendizagem significativa. Em terceiro lugar, considerando a importância dos *feedbacks*: sem análise dos erros e dos acertos, sem incentivo para continuar tentando e sem visualizar oportunidades de progresso, a motivação para mudar pode desaparecer.

A aprendizagem ocorre em estágios

Alguns parágrafos atrás, discutimos que os alunos do ensino superior estão atravessando um período conturbado de mudanças, ao qual nós, professores, devemos estar atentos. Isso nos remete ao segundo princípio de como os alunos aprendem: a aprendizagem ocorre em estágios que são superados pouco a pouco, dependendo das condições de cada um. Rogers (2011, p. 28) chama esse processo de "escada da competência", composto por cinco níveis que identificam o estágio em que o aprendiz está. A nossa interpretação dessa escada está apresentada no quadro a seguir.

Quadro 2 – Os estágios de aprendizagem

Nível	Estágio do aluno	Argumentos	Ações do professor
1	Negação da necessidade de aprender.	Para que aprender isso? O que vou fazer com isso? O que sei me basta.	Avaliar em conjunto com o aprendiz sua necessidade. Despertar interesse e mostrar significado.
2	Confronto com a realidade de que desconhece o tema. Angústia sobre a capacidade de superar.	Não conheço isso; serei capaz de aprender? Como os outros conseguem e eu não?	Encorajar, renovar a confiança, ajudar a superar. Propor alternativas.
3	Desenvolvimento da aprendizagem, comparação com o que já sabia. Atribuição de significado.	Realmente, isso é diferente do que já sabia. Não conheço muito bem o assunto. Não tenho habilidade para fazer isso.	Estimular, orientar e facilitar a aprendizagem.
4	Perícia genuína. Internalização e apropriação do aprendizado.	Aprendi. É fácil. Por que será que um dia fiquei confuso com isso? Quer que eu te ensine?	Valorizar a superação. Relacionar com demandas da vida real. Provocar a aplicabilidade.
5	Compreensão da aprendizagem ao longo da vida.	Por que foi importante aprender isso? Como faço para me manter atualizado?	Incentivar a autoavaliação. Apontar possibilidades de aperfeiçoamento.

Muitos de nós já encontramos, ou encontraremos, alunos nesses diferentes estágios em uma mesma classe, pois essa diversidade faz parte do processo de aprender. O importante é que reconheçamos cada estágio e o consideremos no planejamento de nossa ação docente.

Não podemos partir do princípio de que a classe esteja pronta e interessada em nossa aula de maneira uniforme. Nem de que todos os alunos progredirão do mesmo modo e ao mesmo tempo. Isso vai depender de vários fatores:[9]

- do tema trabalhado (alguns alunos têm facilidade para exatas; outros, para humanas, atividades físicas, atividades mentais, por exemplo);
- da aptidão (quais aprendizagens antecederam a essa, que base o aluno tem para progredir);
- da prontidão (se os processos mentais estão maduros para enfrentar o desafio);
- do ritmo de aprendizagem de cada um;
- da motivação que têm para mudar;
- do realismo e da relevância que o assunto ou a atividade apresentar.

Quanto mais o professor planejar atividades centradas no aluno, que permitam que este trabalhe segundo suas condições, tornando-se agente de sua aprendizagem, maior será a eficácia. Se nivelar o processo por um único padrão (o mais rápido, o mais lento, ou a média), correrá o risco de desmotivar todos os alunos.

A aprendizagem ocorre em ciclos

Kolb (1984) e Rogers (2011) apontam que a aprendizagem ocorre em ciclos que contemplam as seguintes ações: realizar uma atividade concreta oferece subsídios para o aluno refletir sobre ela e procurar elementos teóricos para relacioná-la com a experiência vivida. A partir daí, ele cria novas concepções sobre como realizar de modo diferente aquela

---

[9] Existem fatores de ordem emocional e psicológica, econômica, entre outros, que interferem no processo de aprender. Como não fazem parte do âmbito de atuação do professor, não serão aqui abordados.

atividade, procurando testar e aplicar a situações reais. Kolb (1984) chama esses estágios de sentir, observar, pensar e agir, e aponta que esse é um processo contínuo de aprendizagem.

Gráfico 1 – Diagrama de aprendizagem

Experiência concreta
(fazendo ou tendo experiência)

Observação/reflexão
(refletindo sobre a experiência)

Conceituação abstrata
(concluindo, aprendendo sobre a experiência)

Experimentação ativa
(testando o que aprendeu)

Há um consenso entre os estudiosos do tema, que enfatizam que cada etapa desse ciclo é caracterizada por estilos diferentes de aprender. As pessoas podem sentir-se bem nos quatro estilos, mas a tendência entre adultos é que tenham preferência por um ou outro. Assim, há pessoas que se sentem mais produtivas observando, outras, teorizando e/ou experimentando.

E o que significa isso para nós, professores, além do que já dissemos anteriormente sobre sempre levar em consideração as características de nossos alunos? Acontece que o professor também tem preferência por um desses estilos e precisa ficar atento para não imprimi-lo a seu planejamento didático, pois sua tendência natural será enfatizar aquele com o qual se sinta mais à vontade, identificando-se com os alunos que tenham o mesmo estilo. Como diz Rogers (2011, p. 45),

> [...] por exemplo, se você é um professor de estilo ativista, tenderá a enfatizar o *fazer*. Haverá alunos em seu grupo cujas preferências estão mais para o estilo reflexivo [...] e se sentirão incomodados, pois não haverá oportunidade para se distanciar e pensar.

Promover a aprendizagem em uma classe diversificada pressupõe abranger os quatro estilos.

Feedback

Oferecer *feedback*, fazer comentários sobre os trabalhos dos alunos, elogiar, incentivar, corrigir rotas é um fator determinante para que a aprendizagem seja bem-sucedida. E também para superar os estágios, completar os ciclos, manter-se motivado. Se as pessoas se propõem a aprender é porque pretendem modificar ou aperfeiçoar alguma coisa. Esse é um processo que exige motivação e empenho. Se não é possível saber quando se está no caminho certo, se não se consegue vislumbrar os resultados, se a tarefa parece interminável, se o desempenho não melhora, é fácil perder o interesse e a motivação.

O *feedback* tem exatamente este papel: acompanhar o desempenho do aluno e orientá-lo para atingir suas metas com base em comentários constantes e consistentes. Quando é de boa qualidade, o *feedback* representa o reconhecimento do esforço, da potencialidade e pode tornar-se o elemento transformador entre o aprender e o não aprender.

> **desempenho + *feedback* = desempenho aperfeiçoado**

O *feedback* deve ser dado assim que possível. "Não espere que o triunfo ou o erro se repitam", diz Rogers (2011, p. 86). Se houver algo a ser corrigido, é importante que o aluno seja rapidamente alertado, evitando-se que sistematize o erro, o que será mais difícil de recuperar. Ao contrário, se tudo estiver caminhando conforme o objetivo, então o *feedback* terá o caráter de elogio e motivação para o desafio da próxima etapa.

Comentar o desempenho dos outros é uma tarefa que exige muito bom senso. Precisa ser feito no lugar certo, na hora certa, com palavras e entonação adequadas e nunca deve ser levado para o lado pessoal (comenta-se a tarefa e não a pessoa). A crítica negativa pode causar insegurança e desistência. A crítica positiva, quando em excesso, pode gerar competição. Tanto nos elogios como nos erros, o *feedback* só pode ser considerado eficiente se for além de simples constatações, como "Muito bom" ou "Precisa refazer". Os comentários precisam ser justificados, explicados de forma clara e objetiva para que se tornem um elemento de aprendizagem. Dê sempre o motivo: "Muito bom, você utilizou o equipamento adequado! Sua fala permeou todos os pontos importantes, mas você se estendeu muito no tempo utilizado". O *feedback* ideal é o que consiste num comentário descritivo, claro, inequívoco e sem rodeios. Como afirmou Rogers (2011, p. 89): "Dar aos alunos o acesso às razões do erro ou do fracasso deles é uma regra absolutamente fundamental para um *feedback* eficiente".

Há alguns outros cuidados que nós, professores, devemos tomar em relação ao *feedback*. Em algumas ocasiões, os alunos podem encontrar muitas dificuldades em uma única tarefa. É prudente nos concentrarmos na discussão de alguns aspectos de cada vez, pois há um limite para a capacidade de absorção. Comentários generalistas, que emitem opiniões pessoais ou que têm embutida uma repreensão, pouco ajudam o aluno a identificar suas falhas. Incentivar o aluno a ir além de sua capacidade ou prontidão para aprender gera apenas angústia. Oferecer *feedback* em público para ações que tenham cunho individual pode causar mal-estar geral. O ideal é que o *feedback* seja em particular, na forma de diálogo, que permita ao aluno refletir e encontrar a solução para seu problema.

Aprender é um processo complexo, individual, abstrato. Compreender esse processo é difícil. Para os professores do ensino superior acostumados com "o ensinar" (seja pela sua prática profissional, seja pela vivência acadêmica que tiveram), é uma grande mudança de paradigma focalizar sua atuação no aprender do aluno. Para o professor do ensino superior, promover a aprendizagem de seus jovens alunos exige um envolvimento com um novo perfil docente, com cada aluno e com todos eles. Não basta o domínio de um tema específico, pressupõe-se um planejamento de ações docentes que considerem os aspectos discutidos neste livro, adaptando ou criando situações e atividades que venham ao encontro das peculiaridades de seu público e suas necessidades de aprendizagem.

Tema 6 | As relações sociais em sala de aula e a aprendizagem colaborativa

Em geral, pensamos em uma sala de aula como um lugar de relações pedagógicas ou andragógicas. As preocupações do professor que está iniciando a docência frequentemente estão direcionadas às questões de conhecimento específico e da didática.

Raramente pensamos a sala de aula como um lugar de relações interpessoais, onde professores se relacionam com alunos, alunos com outros alunos e todos com o processo de aprendizagem.

As relações estabelecidas na faculdade (e no ambiente escolar como um todo) passam pelos aspectos emocionais, intelectuais e sociais e encontram nesses espaços um local provocador para interações.

A questão que nos propomos a desenvolver neste capítulo está voltada ao contexto específico do processo de ensino-aprendizagem. O que queremos discutir é como o professor em conjunto com seus alunos pode melhorar e enriquecer as relações de modo a tornar a docência mais eficaz.

No processo de ensino tradicional, acreditava-se que o conhecimento poderia ser transmitido de uma cabeça para outra, ou seja, do professor para o aluno.

Vygotsky trouxe uma nova perspectiva a esse processo ao afirmar que a construção do conhecimento se dá coletivamente; a partir de então, muitos outros autores confirmaram que aprender em grupo é mais efetivo. Placco, por exemplo, afirma que a aprendizagem se dá pelo confronto e aprofundamento de ideias decorrentes de uma construção grupal (Placco & Souza, 2011).

Nesse sentido, a relação educador-educando deixa de ser entre aquele que sabe para aquele que não sabe e passa a ser uma relação de colaboração, de parceria e de crescimento. Ao valorizarmos as parcerias, estamos mobilizando a classe para pensar conjuntamente, sem esperar que uma única pessoa tenha as respostas para tudo.

Com isso, o aluno ganha um novo papel, mais ativo e mais participante. Para Piaget, a aprendizagem do estudante será significativa quando este for um sujeito ativo, ou seja, quando compreender seu objetivo de aprendizagem, receber informações e orientações sobre seu objeto de estudos e, a partir daí, tiver oportunidade de agir e de participar de seu processo de aprender.

Nessa classe, o papel do professor também se altera. Como indivíduo mais experiente, torna-se o mediador da aprendizagem, aquele que cria atividades motivadoras que dão significado ao aprendizado do aluno, que conhece sua turma e sabe o que esperar dela, que se abre ao diálogo com os alunos em busca do conhecimento partilhado.

Na sala de aula em que ocorre um processo interativo, a palavra-chave é colaboração: todos, professor e alunos, terão possibilidade de falar, perguntar, contestar, levantar hipóteses e, nessa troca, aprender.

Aprendizagem colaborativa

O conceito de aprendizagem colaborativa não é novo, tem sido discutido desde o século XVIII, mas ganhou força no contexto atual, em que a expectativa sobre a atuação profissional tornou-se mais abrangente.

A formação dos jovens, por consequência, tornou-se mais complexa, e os professores perceberam que os métodos tradicionais de ensino já não eram tão eficientes. Era necessário rever não somente os objetivos de aprendizagem no ensino superior, como as abordagens metodológicas para melhor preparar os estudantes para o mercado profissional. Assim, a força educativa poderosa do trabalho em grupo, tão desperdiçada pelos métodos tradicionais de ensino, foi revitalizada.

A aprendizagem colaborativa trabalha em um paradigma diferente da aprendizagem do ensino tradicional ao rejeitar o processo de ensino unilateral, de cima para baixo, *memorístico*, com a atitude passiva e cordata dos alunos. Ao contrário, ela encoraja a participação e a cooperação, respeitando as habilidades de cada um, compartilha autoridade e responsabilidade entre os participantes, promove a reflexão e a construção do conhecimento conjunto baseadas no consenso por meio da colaboração. A coautoria entre professor e alunos faz da aprendizagem um processo ativo e efetivo.

É importante ressaltar que essas atividades não se resumem simplesmente a reunir estudantes e colocá-los para trabalhar em grupo. Aprendizagem colaborativa pressupõe um planejamento de situações bastante complexo, em que se tem a expectativa de que os alunos construam coletivamente seu novo conhecimento por meio de uma troca constante de reflexões e avaliações. Torres, Alcantara e Irala (2004, pp. 12-13) resumem a complexidade do processo da seguinte maneira:

> Mahieu (2001, *apud* 2004), ao referir-se à equipe, para ele entendida como grupo de pessoas colaborando para um mesmo trabalho, afirma que
>
> [...] a equipe deve confrontar as realidades, gestionar a pluralidade, do previsto ao imprevisto, da descoberta e da busca da complementaridade numa busca permanente de coerência e não de uniformidade.
>
> É na heterogeneidade que se estabelecem novas formas de relações entre pares. Ao desenvolver atividades em grupo, é preciso gerenciar conflitos sociocognitivos, propor alternativas, rever conceitos, discutir posições, repartir cargas cognitivas, reelaborar ideias, repartir autorias e muitas vezes exercer um processo de auto e mútua-regulação.

O professor como mediador e aprendiz no processo

Ao valorizarmos as interações e aprendizagens colaborativas, não estamos querendo dizer que a sala de aula deve se tornar um ambiente livre e sem controle. Os papéis continuam definidos, apesar de não haver rigidez. O aluno vai aprender com o professor, mas pode aprender também com os colegas que tiverem, em determinado momento e assunto, uma experiência ou uma habilidade diferenciada.

O professor vai ensinar, mas poderá (sim! por que não?!) aprender com seus alunos.

Temos que ter humildade para perceber que não somos mais os especialistas detentores do conhecimento, mas pessoas que poderão aprender em situações de questionamento e reflexão em conjunto com o grupo que participa.

São ambos, estudante e professor, aprendizes no processo. Os papéis do professor e do aluno não são entendidos isolada ou individualmente e também não são hierarquicamente organizados.

Ambos, cada qual com sua experiência, estão vivenciando um momento convergente, em que toda colaboração, discussão e reflexão está voltada para um objetivo comum. Todos são aprendizes nesse processo.

É evidente que a organização de nosso trabalho como professores deverá ser diferente no contexto de inter-relacionamento e de aprendizagem colaborativa que for apresentado. Nesse processo de resgate da autoestima e da capacidade de aprender, o aluno é alguém com quem o professor pode e deve contar.

A nós, professores mediadores, caberá organizar as atividades de aprendizagem de acordo com o perfil dos alunos, planejar objetivos significativos e motivarmos os alunos a atingi-los. Quando motivados, nossos alunos envolvem-se nas discussões, sentem-se estimulados e querem continuar participando. Além de mediar as discussões, o professor também indica referências para os subsídios teóricos, coordena os trabalhos de forma a garantir o domínio de novos conhecimentos, sistematiza resultados e promove o processo de avaliação.

E muito, muito importante: o professor deve sair de trás de sua mesa e trabalhar em conjunto com seus alunos, compondo grupos, discutindo as questões que surgirem, ajudando a buscar soluções e corrigindo rotas, apoiando seus alunos e aprendendo com eles. Desse modo estará criando um "ambiente colaborativo de aprendizagem", no qual as figuras do aluno e a do professor se integram em ações partilhadas, promovendo transformações e a construção conjunta do conhecimento.

Tema 7 | O trabalho em equipe do professor com os seus pares

Vamos discutir outro paradigma que deve ser revisto para a atuação dos professores do ensino superior em uma perspectiva inovadora e profissional: a questão do trabalho colaborativo com seus pares.

Cada vez mais o trabalho em equipe se torna importante em todas as atividades e profissões. No mundo empresarial, essa competência é muito valorizada, pois considera-se que é trabalhando junto que se aprende a respeitar as forças e as fraquezas dos integrantes da equipe e se pode atuar de modo a reverter as características positivas a favor das metas e dos objetivos acordados entre todos. Há um grande incentivo para que o comportamento individualista seja alterado para o de participante de uma equipe.

No meio acadêmico, a importância de atuar em equipe aumenta pela própria natureza do trabalho, ou seja, o desenvolvimento da aprendizagem se dá a partir da ação conjunta dos vários personagens que atuam nesse processo. No entanto, a realidade que encontramos é oposta a essa. Fullan & Hargreaves (2000, p. 56) já demonstravam sua preocupação com o tema, por eles denominado "cultura do individualismo", que envolve o trabalho docente em contraposição ao ambiente de cooperação que deveria predominar. Segundo eles, o isolamento docente tem raízes em fatores como a arquitetura das escolas, a estrutura de horários, a sobrecarga de trabalho e a própria história da profissão docente.

Na realidade de nossas IES, várias condições colaboram para essa situação de trabalho individualizado e solitário, e sobre as quais devemos refletir.

- Uma das características mais marcantes do trabalho do professor é que ele atua sozinho, em sala de aula com seus alunos. É nesse espaço que exercemos nossa profissão gerenciando o processo de aprender de nossos alunos, assim como o tempo e os recursos que temos disponíveis. Trabalhamos com independência com nossa turma, e essa situação favorece o isolamento e consequentemente o individualismo.

- Os currículos das instituições nem sempre são de conhecimento dos professores, seja porque não existe uma cultura de integração com os documentos institucionais, seja porque a política adotada é de divisão entre aqueles que concebem e aqueles (professores) que executam. Como a maioria dos currículos no ensino superior está organizada em disciplinas (alguns chamam também de componentes curriculares e até de módulo ao agrupamento de disciplinas), cabe a cada professor conhecer a ementa daquela em que atuará e agir conforme o que foi estipulado e definido de antemão. Não há estímulo para conhecer as ementas de outras disciplinas.

- Muitas vezes essas disciplinas se encerram em si mesmas; é muito comum ouvir os alunos comentando "passei em filosofia", "fiquei em sociologia", considerando aprovações isoladas, desconectadas do contexto do curso. E, nesse caso, é essa que acaba se tornando a incumbência do professor: desenvolver a aprendizagem de seu tema/disciplina/matéria sem se importar com as demais.

- As disciplinas são ofertadas com base em um cronograma administrativo, que busca contemplar a carga horária total prevista, o programa a ser desenvolvido e a disponibilidade do corpo docente. Dessa forma, o encontro dos professores com os alunos depende mais da organização temporal do que dos objetivos de aprendizagem.

- O regime de contratação dos professores depende das "horas de atividade que abrangerá". Assim, os professores só vêm à IES conforme a oferta de "suas aulas" ou em casos "de orientação de trabalho", ficando pouco disponíveis para atividades de outra natureza ou para encontros entre seus pares. Não há tempo, o que é lamentável, pois, o conhecimento profissional se desenvolve na interatividade com o contexto profissional.

- Há reuniões previstas principalmente para resolução de problemas referentes a conteúdos, mas, na maioria delas, os temas discutidos passam longe das questões do trabalho do professor com sua turma, das experiências didáticas do dia a dia e da troca de ideias entre os pares.
- Os intervalos entre as aulas são mínimos, e nestes os professores falam de tudo, menos de situações de sala de aula. Não existe o hábito de se fazer isso.
- Não é comum falar sobre as eventuais dificuldades de sala de aula. Os professores parecem considerar isso inadequado, como se depusesse contra sua competência profissional. Não há "clima" para discutir os próprios erros e buscar soluções em conjunto.

Os itens apontados anteriormente remetem à cultura e à organização do contexto educativo. Cultura essa que contribui para o isolamento do professor no exercício de sua profissão e retroalimenta a cultura do individualismo.

São óbvias as desvantagens de se trabalhar isoladamente com todas as complexas situações de desenvolvimento da aprendizagem no ensino superior. Afinal, não há com quem partilhar as dúvidas e ansiedades, com quem refletir sobre o que aconteceu naquele dia e descobrir por que a aula correu mal ou correu excepcionalmente bem. Não há como otimizar experiências de colegas, organizar atividades que integrem as disciplinas e promovam a interdisciplinaridade. Não há quem questione: "Se você fizesse dessa outra maneira, não seria melhor?". Ou que pergunte como se deve fazer para estimular os alunos a aprender. Entre outros aspectos, não há apoio, reconhecimento e estímulo.

Fullan & Hargreaves (2000) consideram que o trabalho isolado, por não ser exposto e analisado, limita as possibilidades de ser avaliado de maneira ampla e objetiva, o que consequentemente limita suas possibilidades de melhoria.

Além disso, esse tipo de atuação gera rotina, automatismo e dificulta o aperfeiçoamento e a inovação. Tudo o que possa perturbar a ordem estabelecida é visto com resistência, pois falta iniciativa e estímulo para resolver situações novas. A "mesmice" é o perigo que nos ronda na condição de professores do ensino superior. Nessa perspectiva, desenvolver-se profissionalmente pode tornar-se um processo árduo, lento e pouco atraente.

Autonomia do trabalho docente

Outro ponto de reforço ao questionamento sobre o isolamento do professor é a banalização da concepção da "autonomia do professor em sua sala de aula".

Esse conceito surge como uma reação à descaracterização e deterioração das condições do trabalho docente provocada pelas reformas educacionais neoliberais dos anos 1990, que conferiam uma característica técnica ao trabalho do professor. A burocracia e o controle das tarefas aumentaram com a intenção de garantir as inovações educacionais propostas, e os professores identificaram nessas ações uma desqualificação de suas práticas, visto que se sentiam impossibilitados de refletir em conjunto sobre a organização de seu trabalho (Oliveira, 2004, p. 133).

A busca por autonomia é legítima. Nós, professores, precisamos ser respeitados pelos saberes específico e global que possuímos, que caracterizam nossa especialidade e profissão, o que pressupõe que somos competentes para gerir situações de aprendizagem. Caso contrário, corre-se o risco de os professores tornarem-se técnicos, com práticas rotineiras, repetidores de ideias e conteúdos empobrecidos.

No entanto, é importante que o conceito de autonomia não seja banalizado e reduzido. Para Contreras (2002), a autonomia pode ser ilusória quando considerada como um atributo ou *status*, ou simples autoridade sem ingerência. A autonomia legítima está imbuída de responsabilidade, consciência crítica, emancipação. É um processo de construção permanente que nos possibilita expandir nossas destrezas, nossos valores, nossos conhecimentos e nossas atitudes e no qual devem se conjugar, se equilibrar a prática e a reflexão. A prática docente não pode ser determinada de fora, por agentes externos, mas é o resultado da consciência crítica do professor sobre seu processo de ensinar. Construir a autonomia com base nesses pressupostos prevê um trabalho coletivo, integrado, entre o professor e seus pares, seguindo-se um movimento contrário ao do individualismo e do isolamento em sala de aula.

O trabalho colaborativo

Outra grande desvantagem para o professor que atua de forma isolada no ensino superior é que nem sempre ele consegue relacionar seu trabalho em sala de aula, o esforço que imprime para obter sucesso em sua disciplina com os resultados dos alunos no fim do curso. Afinal, "como professor de determinado tema, quanto eu colaborei para a formação final do jovem profissional?". Essa situação pode ter conotação diferente se o trabalho for colaborativo.

Por trabalho colaborativo entendemos aquele em que os participantes, conforme suas possibilidades e interesses, se engajam em busca de um objetivo comum, compartilham as decisões, são responsáveis e estão comprometidos com a qualidade dos resultados finais. Perrenoud (2000, p. 83) explica que o conceito de colaborar ultrapassa o de trabalho em equipe, em que cada um sabe o que deve fazer. Ele define que a competência de trabalhar colaborativamente significa que estão "todos, como um grupo, voltados a um projeto comum", pelo qual todos são responsáveis.

Em outras palavras, cada professor, em cada disciplina, deve se sentir comprometido com o curso como um todo e com a formação do jovem profissional.

O trabalho colaborativo favorece o consenso dos objetivos, a coerência e a continuidade do trabalho entre todos para o desenvolvimento do curso. Ao romper com as dificuldades apresentadas pelo trabalho individual e isolado do quadro docente, ele promove a integração entre as disciplinas, facilita as atividades interdisciplinares, permite a inserção de práticas inovadoras, otimizando o processo de aprender.

Trabalhar em colaboração com os pares cria um excelente espaço de aprendizagem. O professor, sem se sentir pressionado ou forçado, compreende que trocar experiências pode auxiliá-lo a identificar suas forças e fraquezas, dirimir dúvidas, suprir necessidades, socializar conhecimentos e ações pedagógicas, avaliar seu desempenho, transformar suas ações pedagógicas.

Defendemos o trabalho coletivo como uma estratégia que cria as condições básicas para que tanto nós, professores, como nossos alunos possamos melhorar nossas condições de trabalho e obter sucesso no desenvolvimento do curso.

Mas é importante observar que, ao se valorizar o trabalho colaborativo, não se nega a importância da atividade individual na docência. Como Fullan & Hargreaves (2000), defendemos a conciliação dos dois tipos de atividade – grupal e individual –, entendendo que qualquer delas, sem a outra, limita o potencial de trabalho dos professores.

3 | Como trabalhamos no ensino superior

Tema 8 | A sala de aula como território do professor

Um comportamento natural e comum a todo professor de ensino superior, uma vez recebido o programa de sua disciplina e o calendário das aulas, é dirigir-se para a sala de sua turma e começar seu trabalho.

A imagem que ele vislumbra é o espaço e o tempo em que poderá transmitir aos seus alunos da melhor forma possível a matéria que lhe foi confiada, os conteúdos programados. Para isso, ele preparou muito bem a exposição do assunto daquela aula, preocupado com os minutos de que dispõe. E assim ocorre, aula após aula.

No entanto, também é verdade que o professor sempre pretende que seu aluno aprenda os conteúdos que vai trabalhar; em geral, ele acredita que, fazendo uma ótima aula expositiva, a aprendizagem ocorrerá.

Dessa forma, o espaço e o tempo da aula são tomados literalmente pelo professor e suas exposições, permanecendo o aluno como um observador passivo, muitas vezes sem sequer tomar a iniciativa de escrever, anotar o que o professor diz, porque o assunto ou já está no livro básico que se usa ou o professor oferecerá posteriormente uma apresentação de *slides* com o resumo da matéria.

Assume-se essa percepção de que a aula é tempo e espaço do professor quando nela se realiza uma atividade docente planejada pelo professor, quando as iniciativas cabem a ele e quando é dele a gestão desse tempo e desse espaço.

A sala de aula: espaço e tempo do professor e do aluno

Há um outro lado a ser considerado, que é a participação do aluno nesse mesmo espaço e tempo, a fim de que possa aprender. Não há aprendizagem, nem formação profissional, sem a participação do aluno nos vários momentos em que se encontra com o professor e com os colegas. Não se adquirem competência e cidadania apenas ouvindo-se o professor, estudando-se algumas horas para as provas e tirando-se a nota mínima para passar de ano.

Portanto, chega-se a uma primeira conclusão: precisamos, como professores, criar condições para que o espaço-aula seja compartilhado com os alunos e compreendido como um ambiente de trabalho cooperativo entre nós e eles, tornando-se assim um tempo e espaço para identificar as necessidades, as expectativas e os interesses dos alunos; para se planejar o curso a ser realizado e se traçarem objetivos a serem alcançados; para se negociarem atividades, discutirem temas e conteúdos a serem aprendidos e definir um processo de acompanhamento e de *feedback* do processo de aprendizagem.

Em suma, um tempo a ser explorado para diferentes atividades realizadas pelos alunos, incluindo-se: ler, perguntar, duvidar, debater, resolver problemas, fazer pesquisas, redigir relatórios e trabalhos; ouvir o professor (também, mas não exclusivamente), ouvir os colegas em seus estudos, em suas opiniões e em suas ideias; comparar teorias, autores, princípios e aplicações práticas das informações recebidas; experimentar nos laboratórios.

Como planejar uma aula como território do professor e do aluno?

Sentimos a necessidade de planejamento para que o tempo das aulas seja muito bem aproveitado pelos alunos em seu aprendizado. Por isso, a aula é também território do aluno, ou seja, é tempo e espaço nos quais professor e alunos trabalham juntos para conseguirem aprender o que é necessário para sua formação.

Assim, planejar uma aula para que professor e alunos trabalhem juntos para aprender supõe que o professor organize o tempo e o espaço conforme algumas diretrizes:

1. o professor precisa ter muita clareza sobre o que os alunos precisam aprender na aula para poder redigir e explicar a eles esses objetivos: qual é o tema da aula, que informações precisam ser obtidas, onde e como vão aplicar os conhecimentos, que habilidades precisam adquirir e que valores estão incluídos na atuação profissional que envolve aquele tema;
2. ficando claro para os alunos o que precisa ser aprendido, cabe ao professor indicar a fonte básica onde se encontram as informações a serem estudadas e sugerir outras fontes e consultas a serem pesquisadas, como *sites* ou *links* sobre o tema;
3. o passo seguinte é selecionar as técnicas e os recursos adequados para incentivar os alunos a estudar e trabalhar em aula;
4. um recurso fundamental é solicitar que o aluno venha preparado para a aula. Por exemplo, na semana anterior, deve-se indicar alguma atividade para o aluno fazer em casa que o prepare para participar na aula, como a leitura de um texto com anotações dos pontos principais; em outra semana, pode-se pedir que ele faça uma leitura e levante perguntas para serem debatidas em aula; numa terceira vez, que assista a um filme, vídeo ou programa de tevê e relacione-o com o assunto a ser estudado; que faça um levantamento das notícias na mídia impressa que abordem o tema da aula e assim por diante.
5. com esse material em mãos, o professor pode: organizar atividades usando técnicas que permitam aos alunos trocar informações com outros colegas, em pequenos grupos; organizar debates; propor questões a serem discutidas entre os alunos e posteriormente com ele; sintetizar o assunto depois dos debates e estudos feitos pelos alunos. Há muitas dinâmicas de grupo que podem facilitar a aprendizagem em pequenos grupos;
6. outras técnicas podem ser usadas, como estudos de caso, aulas práticas em laboratórios, visitas técnicas e exploração de situações profissionais que os alunos muitas vezes já vivenciam em seu trabalho. Trazer essas vivências para a aula tanto ajudariam a compreender melhor a teoria, como dariam mais realidade ao tema, e os alunos poderiam ainda levar essas informações para seu trabalho. Cabe a nós, professores, conhecermos esses recursos e planejá-los para as nossas aulas. No tema 11 deste livro, "Docência com tecnologia faz a diferença?", o leitor vai encontrar material básico para ajudá-lo a planejar suas atividades;

7. concluídas as atividades, é o momento de os alunos receberem *feedback* ou ser informados quanto a se, ao realizar as atividades, aprenderam o que se esperava ou não. Se aprenderam, ótimo; vamos em frente. Se isso não ocorreu, outras atividades poderão ser propostas para que eles consigam aprender. Para os alunos, é muito motivador saber se aprenderam ou não ao término de uma atividade.

Esse é um cenário onde vemos professor e alunos trabalhando juntos na aula, que se apresenta então como um território de formação profissional explorado pelos dois agentes.

Tema 9 | Planejar uma disciplina de um currículo

Esse é um problema real, com o qual o professor de ensino superior se defronta de imediato e que o preocupa muito.

Essa preocupação surge a partir do momento em que o professor recebe do coordenador do curso um documento com o nome de sua disciplina, uma ementa, os conteúdos programáticos, uma bibliografia e um cronograma. Ele também recebe informações sobre a carga horária da disciplina, a turma e a sala de aula onde vai ministrá-la.

Uma de suas primeiras decisões é distribuir a totalidade do conteúdo programático pelo cronograma dos dias de aula, cuidando para deixar o tempo estabelecido para as provas.

O planejamento de uma disciplina se configura como uma situação extremamente importante e fundamental para o sucesso da docência, o que torna igualmente importantes a reflexão e a indicação de algumas diretrizes práticas de como fazer.

O sentido de fazer um planejamento

Sabemos que todos os professores fazem seu planejamento. Mas, infelizmente, essa atividade está carregada de um sentido burocrático, ou seja, de se redigir mais um documento para ser entregue à secretaria, que irá arquivá-lo. Tal situação faz com que vários professores entendam que é suficiente a atualização anual desse plano para entrega no ano seguinte.

O sentido de fazer um planejamento para uma disciplina é bem outro: trata-se em primeiro lugar de construir um instrumento de ação educativa, uma vez que aquela disciplina colabora para a formação de um profissional competente e de um cidadão responsável pelo serviço que prestará à sociedade.

Ademais, aquela disciplina, ao colaborar para a formação de uma geração nova de profissionais, precisará ter presentes os reflexos projetivos daquela área de conhecimento para os próximos vinte anos.

Não estamos falando do aspecto técnico de como se planejar uma disciplina, mas de como se planejar uma disciplina que tenha interferência profunda na atuação do profissional pelos próximos anos.

Assim, entendemos por planejamento de uma disciplina a "organização ou sistematização das ações do professor e dos alunos tendo-se em vista a consecução dos objetivos de aprendizagem estabelecidos". (Masetto, 2010, p. 190)

Nessa conceituação, vale a pena destacar:

a. trata-se de planejar ações e atividades do professor e dos alunos que serão realizadas durante as aulas ou fora delas;
b. a sistematização diz respeito a *ações do professor e dos alunos*. Ambos são integrantes e participantes do processo de aprendizagem. É costume que o professor, ao planejar sua disciplina, pense nas atividades que ele, professor, vai realizar, deixando que as ações dos alunos corram na sequência das suas. Como entendemos que os alunos são sujeitos de seu processo de aprendizagem, também cabe a eles realizar atividades próprias. E estas precisam ser planejadas;
c. o planejamento da disciplina se faz em razão dos objetivos de formação profissional a serem alcançados pelos alunos e não unicamente em razão dos conteúdos a serem transmitidos. Pensamos primeiro nos alunos e depois na disciplina.

Uma característica de todo planejamento é sua flexibilidade, desde que ele seja pensado para auxiliar e ajudar os alunos a aprender. O planejamento existe exatamente para que possamos adaptá-lo a situações novas ou imprevistas, sem perdermos nosso rumo ou direcionamento em relação aos objetivos traçados.

O planejamento de uma disciplina integrado a um currículo

Em geral, o processo para a contratação de professores em universidades visa selecionar docentes para as disciplinas dos cursos de graduação. Sendo assim, desde o início um professor fica vinculado a uma disciplina, que se torna o foco de sua ação. O docente entende que seu compromisso maior é lecionar o mais competentemente possível aquela disciplina, na qual foi considerado especialista.

Nem sempre se deixa claro ao professor iniciante que toda e qualquer disciplina de um curso faz parte de um currículo e que a integração das várias disciplinas responderá pela formação profissional esperada.

Essa consideração tem uma consequência bastante séria: o planejamento de uma disciplina não poderá ser feito unicamente a partir dela mesma. O ponto de partida é sua área de conhecimento, que deverá ser adaptada às necessidades próprias desse ou daquele curso e às possibilidades de integração com as demais disciplinas curriculares.

Assim, o planejamento de uma disciplina deverá orientar-se pelo currículo do curso e pelas diretrizes curriculares. Tais diretrizes encontram-se explicitadas no projeto pedagógico do curso, como vimos no tema 3 deste livro, "O novo papel do professor na organização curricular e pedagógica".

Quando todos os professores estão a par do currículo e dos objetivos de formação profissional de seu curso e planejam com clareza suas disciplinas e demais atividades em conformidade com essas diretrizes, sabem responder às costumeiras perguntas dos alunos: para que serve o que estou estudando? Onde vou aplicar essas informações em minhas atividades profissionais? Como se relaciona esse assunto desta disciplina com os temas daquela outra disciplina? Por que esta disciplina está repetindo o mesmo conteúdo daquela outra?

E como encaminhar a questão de planejar a disciplina integrada a um currículo?

Ao professor de cada disciplina cabe, em primeiro lugar, informar-se com o coordenador sobre quais são as expectativas que o currículo daquele curso tem com relação ao perfil do profissional, em que a disciplina poderá colaborar para essa formação, quais são as outras disciplinas do currículo no semestre que vai iniciar, o que se espera que os alunos possam aprender com a disciplina.

Com base nessas primeiras informações, o professor procurará selecionar e definir os objetivos que poderão ser aprendidos na sua disciplina, incluindo não apenas objetivos cognitivos, mas também os afetivo-emocionais, de habilidades e de atitudes.

Os elementos que compõem um plano de disciplina

Para a construção de um plano de disciplina, levando-se em consideração os comentários feitos anteriormente, chamamos a atenção para os pontos principais desse planejamento.

Objetivos

Embora os professores em geral iniciem seu plano de disciplina pela organização dos conteúdos, essa não é uma atitude de formadores de profissionais. Com efeito, o ponto inicial de qualquer planejamento é estabelecer quais são os objetivos de formação profissional que os alunos deverão aprender na disciplina.

No plano de disciplina, os objetivos devem estar definidos de forma clara e compreender as áreas de conhecimento, de habilidades ou competências e de valores ou atitudes que se esperam do profissional.

Onde encontrar esses objetivos? Lembremo-nos do que foi dito anteriormente: o projeto pedagógico identifica e explicita o perfil do egresso do curso em que somos professores. Aí se encontram os objetivos de formação a serem perseguidos.

Desse perfil, vamos selecionar as competências profissionais que possam ser aprendidas nessa disciplina e redigi-las de forma que os alunos percebam com clareza o que precisarão aprender, isto é, que conhecimentos e informações precisarão adquirir, que habilidades e práticas profissionais terão de dominar e que atitudes serão esperadas de um profissional na sociedade. Por exemplo: adquirir conhecimentos específicos, aplicar conhecimentos adquiridos a situações profissionais, realizar atividades de práticas profissionais, aprender a coletar, a organizar e a comunicar as próprias informações; aprender a identificar problemas essenciais; aprender a trabalhar em equipe; aprender a resolver problemas e assim por diante.

Esses objetivos irão se tornar os grandes eixos sobre os quais professor e alunos trabalharão durante o semestre. São os elementos mais importantes do plano de uma disciplina. São os objetivos que vão nortear a organização dos conteúdos, a escolha dos métodos, das técnicas, dos recursos e das técnicas avaliativas da aprendizagem do aluno.

Os objetivos de uma disciplina deverão ser planejados para serem alcançados ao longo de seu desenvolvimento, por isso não devemos esperar que todos sejam atingidos logo no início do curso: alguns serão trabalhados no início, outros durante o curso e alguns certamente só poderão ser aprendidos no final dele.

Conteúdo programático

Nesse item, colocam-se os assuntos e temas que serão estudados em uma unidade e que estejam em consonância com os objetivos a serem alcançados. Juntamente com o tema, devem ser dadas sugestões muito precisas de leituras e/ou pesquisas, por exemplo: capítulos de livro, artigos, *sites*, revistas, livro que deverá ser consultado, porque serão materiais usados em aula para as atividades previstas. Desaconselha-se a indicação de extensa lista de material a ser lido ou consultado para a aula, pois sabemos que os alunos não têm tempo para isso e, de fato, o material não será todo usado na aula. Depois de estudado o assunto, indicar bibliografia complementar é louvável e necessário.

Técnicas

Esse item do plano deve indicar as técnicas e os recursos que o professor escolher para facilitar a aprendizagem dos objetivos pelos alunos.

Por exemplo: "Que técnica ou metodologia vou usar para que o aluno adquira informações? Uma aula expositiva? Mas será que essa técnica é a mais eficiente para que o aluno as adquira?".

Um estudo de caso real ou simulado pode ser uma excelente técnica para que o aluno aprenda a aplicar em uma situação profissional o que aprendeu na aula teórica.

Um assunto teórico mais complexo pode ser estudado primeiramente com alguns textos de autores diferentes, lidos com a orientação de perguntas feitas pelo professor, seguidos por um debate com um especialista no assunto.

O estudo de um assunto pode ser iniciado com base em um ou em alguns casos reais ocorridos na sociedade, orientando-se os alunos a buscar as informações que precisarão para entender, explicar ou resolver aquela situação.

Decisões e atitudes tomadas por profissionais em casos reais podem ser analisadas sob o aspecto do compromisso com a sociedade.

Esses são exemplos de como podemos planejar a metodologia de aulas em uma disciplina. Isso será visto mais amplamente no tema 11 deste livro, "Docência com tecnologia faz a diferença?".

Avaliação

Trata-se de outro elemento do plano de disciplina a ser pensado com especial cuidado, pois é comum que os professores entendam que não precisam se preocupar com esse ponto porque a instituição já cuidou disso quando marcou os dias de provas e os critérios de avaliação.

Aqui de novo ocorre um pequeno engano. Nós somos os professores. Nós estabelecemos com os alunos os objetivos de aprendizagem. É justo que nós, com nossos alunos, tenhamos informações quanto a se estamos ou não atingindo os objetivos propostos. Esse é o processo de avaliação.

Sendo assim, compete ao professor, ao programar as atividades de aprendizagem dos alunos, cuidar também de planejar técnicas avaliativas que acompanhem as atividades propostas e que possam informar ao professor e ao aluno se a aprendizagem está acontecendo ou não.

É preciso fornecer essa informação ao aluno durante o semestre para que ele possa desenvolver um processo de aprendizagem que também inclua o erro, mas com a possibilidade de aprender com ele.

No plano, há que se cuidar de estabelecer de forma clara para todos, alunos e professor, como, com que técnicas será acompanhado o processo de aprendizagem; que instrumentos serão utilizados para oferecer o *feedback* necessário para as diversas atividades programadas. Esses instrumentos e essas técnicas poderão ser selecionados conforme sugestões no tema 12, "Existe um modo diferente de avaliar".

Bibliografia

Como comentamos anteriormente, quando falamos dos conteúdos da unidade, a bibliografia num plano de disciplina deverá se compor de dois conjuntos: um básico, que comportará o material que será estudado, lido e pesquisado para as atividades das aulas, e o outro, que conterá uma bibliografia complementar, apresentada pelo professor e/ou organizada com base em pesquisas dos alunos para estudos posteriores ou como fontes para consultas futuras.

Um planejamento de disciplina bem elaborado trará segurança ao docente em sua prática pedagógica e dará apoio significativo ao aluno para que possa se desenvolver de modo consistente em sua formação profissional.

Tema 10 | Como adequar o volume do conteúdo à carga horária

Encontramo-nos em xeque diante deste jogo de xadrez: o programa a ser cumprido é extenso demais, e a carga horária de que dispomos não permite que se estude toda a matéria. Acrescente-se a isso a necessidade de se incorporarem temas mais atuais e lembremos que, para que certos assuntos sejam bem desenvolvidos e aprendidos, é necessário interagir com outras disciplinas e mesmo com outras áreas de conhecimento. Como, por exemplo, introduzir questões de economia, antropologia, sociologia ou contabilidade para discutir e encaminhar um problema da área de direito? Como fazer um diagnóstico adequado de uma situação de saúde ou de doença e indicar os tratamentos necessários baseando-se apenas nas ciências da saúde, sem interação com a psicologia, a educação, a antropologia, a economia e a cultura dos grupos sociais? Como abrir espaço para a multidisciplinaridade?

Uma sugestão para a organização de conteúdos

Num cenário como esse, podemos fazer observações que nos auxiliem a encontrar algumas saídas para o planejamento de nossos conteúdos de disciplina.

Um primeiro passo pode ser um exame mais rigoroso com relação aos conteúdos estipulados no programa para verificar:

a. se na listagem dos conteúdos de uma disciplina não existem temas repetidos ou já ministrados em outras disciplinas e que não precisam estar ali;
b. qual a hierarquia de importância e abrangência de conteúdo entre os assuntos que permita uma organização diferente da existente;
c. a abrangência e a complexidade dos temas; há temas suficientemente amplos, que englobem vários itens e subtemas menores, permitindo uma aprendizagem de forma integrada? Há espaço para que se atribua mais tempo a um grande tema que incorpore outros menores, em vez de dedicarmos a todos os assuntos o mesmo tempo de, por exemplo, uma aula, independentemente de sua importância?
d. os conteúdos que exigem maior atualização, por já se encontrarem defasados ou por necessitarem de substituição.

Com essas poucas observações, certamente poderemos planejar nossos conteúdos com outros critérios, os quais abrirão espaço para trabalharmos bem os temas que assim o exigirem, seja por sua importância ou abrangência, e ainda contaremos com a possibilidade de atualizá-los.

Vários professores já se dispuseram a fazer essas observações e planejaram de forma diferente seus conteúdos, com muito sucesso para a aprendizagem dos alunos.

Vamos considerar este exemplo:

Um professor de contabilidade, diante de um conjunto de itens para o qual seus alunos demonstravam grandes dificuldades de aprendizagem, integrou todos em uma situação simulada de empresa, criando um caso simulado para que os alunos o resolvessem.

Os alunos deveriam analisar a situação da empresa e identificar as informações de que dispunham e as de que careciam para resolver aquela situação.

O conjunto dos conhecimentos que lhes faltava era aquilo que precisariam aprender e que estava previsto para ser estudado naquele bimestre.

Observem a reorganização dos conteúdos: integrados, com possibilidade real de acontecerem em uma empresa, desafiadores, pois exigiam a solução de um problema, e necessários para que os alunos pudessem cumprir sua missão.

É evidente que o caso simulado apresentado pelo professor exigiu muito estudo dos alunos, para que pudessem compreender e resolver cada passo da situação apresentada.

O professor não oferecia soluções para os vários aspectos do caso, mas orientava os alunos para buscar as informações, discuti-las, aplicá-las em exercícios de forma a tornarem-se aptos para aprender e avançar em busca da solução do caso todo.

Conforme depoimentos do professor, os assuntos foram muito bem aprendidos pelos alunos, que durante o bimestre se mantiveram curiosos, atentos, pesquisadores e ativos na resolução do caso apresentado. E o resultado foi que eles superaram as dificuldades de aprendizagem anteriormente demonstradas.

Resultados de uma nova organização de conteúdos

Outros professores ousaram fazer a reorganização de seus programas e tiveram êxito ao eliminar assuntos repetidos, direcionar o foco para temas fundamentais, que se constituíam como grandes eixos conteudísticos da disciplina, dar ênfase à abrangência e à complexidade de temas que permitiram a integração de vários outros temas do conteúdo, selecionar assuntos mais atuais e organizar um programa para suas disciplinas com um conjunto de até dez grandes temas por semestre.

Essa organização permitiu:

a. que se trabalhassem os assuntos mais relevantes;

b. que os alunos tivessem um tempo razoável para aprender bem os assuntos e que os professores pudessem planejar e usar técnicas que facilitassem a aprendizagem dos alunos;

c. reconhecer que o peso de ensinar está em que o alunado aprenda e, portanto, as estratégias não são de transmissão, mas de interação, motivação, aplicação, investigação, tutoria, resolução de problemas, simulação [...] são estratégias internas e externas do ambiente de aula (Torre, 2008, pp. 89-90).

d. que vários itens menores ou de segunda importância, porque integrados a temas maiores, pudessem ser aprendidos integradamente com os temas maiores ou com atividades específicas realizadas pelos alunos, como preparação para a aula ou fechamento das discussões sobre um tema, sem que se precisasse consumir com eles tempo especial de aula;
e. que os assuntos mais atuais não fossem deixados de lado por falta de tempo;
f. que os alunos percebessem a importância dos assuntos, sua atualidade, seu dinamismo, sua relação direta com a formação profissional que procuram;
g. que os alunos se envolvessem com os estudos e tivessem participação neles, nas pesquisas e no levantamento de informações, na solução de casos reais ou simulados de sua profissão;
h. que se organizasse o conteúdo por meio de problemas que exigissem pesquisas, integração de informações, aplicação das teorias a situações concretas e integração de informações de outras disciplinas para resolvê-los; isso levou os alunos a compreender e fixar melhor o conteúdo proposto;
i. ver que um novo ganho com essa organização de conteúdos é a superação da fragmentação no aprendizado das informações. Com efeito, se o programa é estabelecido por assunto/aula, é natural que os temas sejam tratados de forma específica, justaposta e sequencial, o que não facilita sua integração em temas mais complexos, integrativos de informações e com possibilidades de trabalho com a multidisciplinaridade em sua abordagem.

Com essas considerações, entendemos que deixamos algumas reflexões, ideias e sugestões para que os docentes pensem sobre a organização dos conteúdos de sua disciplina, podendo, a seguir, nos debruçar sobre a preocupação que os professores têm de conhecer as técnicas pedagógicas de apoio ao processo de aprendizagem que imediatamente possam ser aplicadas nas aulas, para melhorá-las do ponto de vista de sua dinâmica e do interesse dos alunos.

11 Tema | Docência com tecnologia faz a diferença?

Essa pergunta não teria unanimidade de resposta se fosse feita a professores do ensino superior, pois, se encontramos professores que responderiam a ela afirmativamente, outros, e não seriam poucos, certamente responderiam negativamente.

Com efeito, ainda é corrente entre os docentes dos cursos de graduação que a diferença se faz pelo conteúdo atualizado e profundo que o professor transmite aos seus alunos e não pelo uso de tecnologia educacional.

Na verdade, são muito poucos aqueles que conhecem e usam outra técnica de ensino que não seja a aula expositiva, atualmente com apoio de apresentações de *slides*. Por vezes, até em aulas práticas de laboratório prevalece a aula expositiva, em que o professor demonstra e explica o que ali acontece.

Os professores que responderiam positivamente afirmando que a docência com tecnologia faz a diferença se reportariam ao fato de que a diferenciação e a variedade de técnicas quebram a rotina das aulas – com isso os alunos se sentem mais motivados a participar delas – e incentivam as atividades dinâmicas, levando os aprendizes a saírem de uma situação passiva de espectadores da ação individual do professor para uma atitude mais proativa nas aulas.

Novas técnicas desenvolvem a curiosidade dos alunos e os instigam a buscar por iniciativa própria as informações de que precisam para resolver problemas ou explicar fenômenos que fazem parte de sua vida profissional.

Diferentes técnicas permitem e exploram o uso de recursos das tecnologias de informação e comunicação que pertencem ao mundo e à vida de nossos alunos: internet, *games* que simulam as mais variadas situações profissionais, hipermídia, visitas técnicas profissionais em situações de alto risco ou de difícil acesso.

Estratégias há que favorecem a aprendizagem colaborativa entre os alunos, as atitudes de companheirismo e solidariedade, de apoio mútuo, em que uns aprendem com os outros, enquanto outras estratégias colocam o aluno nos mais diferentes ambientes profissionais, em contato direto com a realidade da profissão, o que é sumamente motivador.

Não vamos pensar, porém, que a tecnologia irá resolver todos os problemas de aprendizagem dos alunos.

Técnicas como instrumento para aprendizagem

As técnicas de que dispomos para incentivar o aluno a aprender e ajudá-lo a alcançar sua formação profissional só poderão fazê-lo se as usarmos como um instrumento para alcançar objetivos de aprendizagem e se elas forem eficientes para isso. Fazendo uma comparação: não há como usar um martelo se meu objetivo é serrar uma madeira, ou de nada adianta uma serra sem corte diante de uma madeira a ser cortada.

Os docentes sempre esperam que os alunos aprendam em suas aulas, é verdade. Mas, aprender o quê? Como já vimos, a formação profissional inclui aprendizagens nas áreas do conhecimento, de habilidades e competências e no campo de atitudes profissionais e cidadãs.

As técnicas existem para ajudar os alunos a desenvolver seu processo de aprendizagem em todas essas áreas. Isso nos impõe uma questão: quais são as técnicas que poderiam ajudar os alunos em suas aprendizagens profissionais?

Exemplos de técnicas para serem usadas em aula

Considerando os objetivos da formação profissional, é possível apresentar alguns exemplos de técnicas que poderão facilitar essa formação.

Assim, podemos pretender que os alunos adquiram informações, relacionem essas informações entre si, aprofundem sua compreensão delas, expressem de uma forma pessoal e científica seu novo conhecimento e o agreguem a seu mundo intelectual. Para esse objetivo, em geral se usa uma aula expositiva.

Não nos parece a técnica mais adequada. Podemos substituí-la por outras. Por exemplo: podemos solicitar aos alunos que se preparem para a próxima aula, lendo um texto indicado e respondendo por escrito a algumas questões. Em aula, com os colegas em pequenos grupos, poderão discutir suas respostas, compará-las às respostas dos colegas, organizar as informações e produzir um texto síntese das respostas. Na sequência, o professor pode verificar o que os alunos aprenderam e corrigi-lo ou completá-lo com uma breve exposição sobre o assunto. Certamente essa é uma aula mais dinâmica e interessante para os alunos.

Podemos ter como objetivo que os alunos sejam capazes de discutir as informações adquiridas com outros colegas ou com o professor, adquiram novas percepções sobre aquele assunto ou mesmo conheçam teorias diferentes a respeito dele, que aprendam a ouvir os outros, a dialogar, a interagir com os colegas.

Nesse caso, precisamos lançar mão de outras técnicas, como pequenos grupos que realizam a mesma tarefa: os alunos discutem em grupo os resumos de um capítulo de livro elaborados por eles individualmente e chegam aos pontos em comum do texto, ou destacam os pontos que não foram entendidos, ou levantam as dúvidas entre eles para serem debatidas com o professor.

Para aprofundamento de conhecimentos teóricos, uma técnica interessante é a de grupos que formulam perguntas.

Os alunos, em preparação para a aula, com base em um texto dado, formularão perguntas inteligentes e as trarão para a classe. Num primeiro momento, organizam-se pequenos grupos de cinco alunos e pede-se que eles analisem as perguntas trazidas e escolham as duas que melhor contribuam para o aprofundamento do tema. Em seguida, debatem aquelas perguntas. Após isso, encaminham suas duas perguntas aos outros grupos, que responderão a elas. Ao final, as perguntas voltam ao grupo que as formulou, juntamente com as respostas dos colegas, para serem analisadas e debatidas. Abre-se um plenário para discussão das perguntas e das respostas, quando o professor tem a oportunidade de perceber o que foi aprendido, o que não foi percebido e merece ser analisado, as questões duvidosas a serem esclarecidas, as incompletas que exigem complementações ou os conceitos errados que merecem correção e explicação mais detalhada.

Mas é interessante perceber que nesse momento a turma está envolvida com as respostas às várias perguntas dos colegas e com o debate em plenário, que lhes desperta o interesse em saber o que mais o professor tem a apresentar.

Podemos variar essa técnica com grupos que respondem a perguntas: seguem os mesmos procedimentos da técnica anterior, mas com as questões sendo formuladas pelo professor.

Não podemos nos esquecer de que a realização de técnicas que colaboram com a aprendizagem sempre tem como pressuposto a preparação dos alunos por meio de leituras, estudos pessoais, que lhes permitirão participar das atividades e técnicas e melhor aproveitá-las. Não há técnica que substitua o estudo e o trabalho individual do aprendiz.

Todos nós, professores, sabemos que o contato com a realidade profissional é sumamente motivador para a aprendizagem dos alunos. Por essa razão, todos temos como objetivo para nossos alunos que eles entrem em contato com os ambientes profissionais. Visitas técnicas, estágios, aulas em laboratórios, internet, audiovisuais, fotografias, vídeos, DVDs, pesquisas de campo, ensino por projetos são as técnicas com as quais contamos para esse objetivo de aprendizagem.

Tomemos como exemplo a visita técnica. Ela pode ser feita individualmente pelo aluno, em pequenos grupos ou com a turma toda. É importante chamar a atenção sobre esse aspecto, porque muitos entendem como visita técnica apenas aquela que é feita com a turma toda, o que é mais difícil e se torna, muitas vezes, inviável.

Quando de sua realização, é necessário esclarecer muito bem os objetivos da visita técnica, como ela se integra ao que está sendo estudado dentro do programa estabelecido. Com os alunos, deve-se preparar o roteiro das observações a serem feitas e das entrevistas que venham a ser realizadas.

Durante a visita técnica, os alunos fazem as observações previstas e registram os dados e as informações coletados. Para a aula seguinte, preparam um relatório individual ou em grupo sobre a visita técnica para apresentar ao professor e aos colegas e que sirva de base para a continuidade dos estudos e dos debates sobre o assunto em pauta.

Com o objetivo de que o aluno aprenda com a complexidade da realidade, existe outra técnica de excelentes resultados, que é o ensino por projetos, muito comum nas áreas de arquitetura e engenharia, no qual pequenos ou grandes carros, motores, prédios, cidades, bairros, casas, rede hidráulica – entre outros – são planejados e construídos em maquete; os resultados são conferidos por computador, e os cálculos visam à qualidade do produto e sua viabilidade.

Aprender com base em estudos de caso para que o aluno compreenda os conhecimentos teóricos adquiridos e os aplique a situações profissionais pode ser uma meta em nossa aula.

A técnica de estudo de caso desperta muito interesse no aluno, uma vez que ele percebe a relevância do que está aprendendo para sua profissão. Por meio desse estudo fica claro para o aluno o que ele já sabe para solucionar o caso e o que ainda falta aprender para conseguir uma solução correta e adequada.

O estudo de caso, ao contribuir para que o aluno integre teoria e prática e desenvolva a habilidade de solucionar problemas, pode ser encaminhado de duas formas: a primeira, muito conhecida de todos nós, acontece quando o professor, após ter explicado a matéria, apresenta um caso, um problema ou uma situação para ser resolvido(a) com as informações adquiridas. Trata-se em geral de uma demonstração da teoria correta ou aplicação de uma teoria estudada para ver se o aluno aprendeu determinados conceitos e se consegue resolver um problema com eles.

No entanto, o estudo de caso pode ainda ser trabalhado de outra maneira: apresenta-se um problema antes de se estudar a teoria, e com a orientação do professor os alunos individualmente ou em pequenos grupos realizam um processo que inicia com a pesquisa das informações necessárias para resolver o caso, seguida de debates para encontrar a solução.

A aula expositiva, usada frequentemente pelos professores, serve para transmitir informações e experiências aos alunos. Tecnicamente, dispomos de outras alternativas para que os alunos adquiram informações de modo mais dinâmico, permitindo participação, interesse, envolvimento maiores, como no caso das que citamos anteriormente:

leituras, textos analisados por meio de perguntas, pequenos grupos com a mesma tarefa, grupos que formulam ou respondem a elas.

No entanto, a aula expositiva é uma técnica que também pode ajudar na aprendizagem do aluno. Mas, de que forma?

A aula expositiva é útil para os seguintes objetivos: *abrir um tema* ou *assunto*, procurando-se motivar os alunos para que percebam a importância e o valor do tema e se disponham a estudá-lo, o que farão em seguida por meio de outras técnicas. Uma exposição de vinte minutos é o suficiente para essa motivação.

Um segundo objetivo para uma aula expositiva é *fazer a síntese* ou o fechamento de um assunto já estudado por meio de outras técnicas, que merece, por alguma razão, um comentário final por parte do professor. Não deve ultrapassar vinte a trinta minutos.

Comunicar experiências pessoais do professor também pode ser objetivo de uma aula expositiva, mas usá-la para transmitir informações, só em casos especiais: por exemplo, quando o assunto ou tema é praticamente inacessível aos alunos por se encontrar numa língua para eles desconhecida.

Nas demais situações, usar a aula expositiva não é aconselhável. Por qual razão? A aula expositiva favorece a passividade do aluno, pois ele não é convidado a trabalhar para aprender. Esse tipo de aula incentiva a resposta reprodutora da informação, não atrai a atenção do aluno por mais de vinte ou trinta minutos (e assim mesmo quando ela está muito bem preparada, com material audiovisual, perguntas, debates, exemplos adequados, etc.), não incentiva a pesquisa, o diálogo, o debate, a resolução de problemas.

A aula expositiva pode parecer mais fácil para o professor e mais desejável para o aluno. Mas por que motivo?

Ao considerarmos todas essas técnicas, percebemos que elas podem colaborar com a aprendizagem de vários objetivos, sejam da área cognitiva (quando colaboram com os alunos para adquirirem informações, desenvolverem raciocínios e argumentos, inferirem conclusões, construírem pensamento com lógica e coerência, atribuírem significado aos novos conhecimentos, produzirem textos com fundamentação científica), sejam de habilidades (iniciação à pesquisa, registro e documentação de informações adquiridas, diálogo e debate com os colegas e com o professor, elaboração de perguntas e questionamentos, trabalho em equipe, solução de problemas e outras próprias das profissões).

E ainda podem aprender valores pessoais, profissionais e de cidadania quando relacionam o que aprendem com sua vida profissional real e concreta, discutindo as questões éticas e culturais que envolvem o exercício de sua profissão.

Tecnologias de informação e comunicação

As tecnologias de informação e comunicação (TICs) constituem hoje um capítulo novo nas estratégias de aprendizagem.

Com o advento da informática e da telemática, o processo educacional adquiriu novas possibilidades tanto em sua dimensão de educação a distância como em seu aspecto de apoio à aprendizagem presencial nas aulas da universidade.

O surgimento dessas tecnologias trouxe inúmeras oportunidades aos usuários de entrarem em contato com as mais novas e recentes informações, pesquisas e produções científicas do mundo todo, em todas as áreas.

Trouxe ainda a oportunidade de desenvolver a autoaprendizagem e a interaprendizagem a distância, a partir dos computadores que se encontram nas bibliotecas, nos escritórios, em locais de trabalho e nas próprias residências das pessoas.

Surgem novas formas de se construir o conhecimento e de se produzirem trabalhos monográficos e relatórios científicos; a oportunidade de se integrarem movimento, luz, som, imagem, filme, vídeo e texto em novas apresentações de resultados de pesquisa e de assuntos e temas para as aulas.

Dinamiza-se a possibilidade de orientar os alunos em suas atividades não apenas nos momentos de aula, mas nos períodos "entre aulas" também; a oportunidade de desenvolver a criticidade diante de tudo o que se vivencia pelo computador, a curiosidade para buscar coisas novas, a criatividade para se expressar e refletir, a ética para discutir os valores contemporâneos e os emergentes em nossa sociedade e em nossa profissão (Masetto, 2010, p. 140).

Com efeito, diferentes *sites* com seus recursos como Teleduc, Webcity, Blackboard, Learning Space, Moodle, entre outros, permitem que o processo de aprendizagem possa ser mais motivador para nossos alunos e contínuo entre uma aula e outra.

Neste capítulo, indicamos e explicamos algumas técnicas de aprendizagem que podemos usar em nossas aulas com o objetivo de demonstrar que a docência com tecnologia faz a diferença no aprendizado dos alunos e em seu envolvimento com a própria formação, na medida em que eles assumem o compromisso com o processo de sua formação profissional.

Postura do professor

Para concluir este capítulo, é importante que destaquemos a postura do professor na aplicação das técnicas. O ponto de partida é o professor se convencer de que a participação e o trabalho do aluno durante a aula e fora dela são fundamentais para sua aprendizagem.

Uma segunda consideração: é muito importante que o professor assuma o papel de mediador no processo de aprendizagem, com atitudes de parceria e trabalho em equipe com os alunos. Ele deve formar grupos de trabalho, estabelecer objetivos muito claros de aprendizagem e organizar um programa construído coletivamente para sua consecução em um ambiente que inspire confiança entre professor e alunos.

É necessária a disponibilidade do professor para conhecer as técnicas que a educação hoje estuda e propõe para que os alunos possam aprender de modo mais compreensivo e eficiente em seus diferentes ambientes de aprendizagem.

E, por fim, o docente deve entender-se não mais como o professor *expert* que vem à aula para transmitir sua ciência e sabedoria, mas como o planejador de situações de aprendizagem, envolvido e comprometido com o processo de desenvolvimento de seus alunos e disposto a encontrar as melhores condições, não para fazer suas preleções, mas para que o aluno se interesse pela própria formação e trabalhe por ela com eficiência e eficácia.

Tema 12 | Existe um modo diferente de avaliar

Essa asserção pode parecer intrigante.

Estamos diante de uma tradição cultural centenária na qual as avaliações nas escolas sempre se realizam em datas marcadas no calendário escolar, com provas muito bem preparadas pelos professores de modo a não permitir que os alunos "colem" as respostas de textos ou as respostas de seus colegas. As provas sempre contêm alguma questão mais difícil ou mesmo "alguma pegadinha" para ver se os alunos "sabem mesmo".

Os alunos se preparam para as provas com muito esforço concentrado no período em que elas ocorrem, vivendo um tempo de tensão e nervosismo, terror e medo, que por vezes os bloqueiam na hora da avaliação.

Os resultados das provas servem para aprovar ou não os alunos, ou classificá-los em *rankings*. Em algumas escolas, os reprovados podem fazer outra prova substitutiva para ver se alcançam a nota mínima necessária para passar.

Esse ritual, com algumas modificações, marcou nossa passagem pela escola, desde a educação básica até o ensino superior. E quando passamos de aluno para professor continuamos repetindo sempre o mesmo ritual, com as mesmas consequências. E o pior: não imaginamos que possa ser diferente, pois acreditamos que não temos como mudar tal tradição.

Por isso, questionamos acima: existe um modo diferente de avaliar? É uma questão intrigante.
E qual é a nossa resposta? Vamos refletir.

Propósito da avaliação

Uma resposta imediata seria: para dar uma nota e aprovar ou reprovar um aluno. Eu diria: nota e aprovação ou reprovação de aluno são consequências de uma avaliação. Prefiro outra resposta: avaliação serve para ajudar o aluno a aprender. Simples assim, desde que compreendamos o significado dessa resposta.

Quando somos professores, entramos em uma aula com um objetivo muito claro: nós queremos que o aluno aprenda, se desenvolva, cresça, adquira novas informações, habilidades e competências, e valores profissionais. Como dissemos anteriormente, queremos que o aluno aprenda.

Mas, sabemos que a aprendizagem é um processo, isto é, um movimento contínuo que se desenvolve por certo tempo. Nas IES, esse tempo em geral é de um ou vários semestres, durante o qual o processo de aprendizagem é realizado pelos alunos, que, como são heterogêneos e diferentes, não o percorrem com o mesmo ritmo, a mesma profundidade, nem com a mesma facilidade.

Os erros cometidos durante esse processo são situações favoráveis e até mesmo necessárias ao aprendizado, porque indicam onde estão as dificuldades que os alunos deverão ultrapassar. E por isso precisam ser fortemente aproveitados.

Por vezes, os alunos se desanimam, sentem-se desencorajados a prosseguir pelas dificuldades que encontram: nem sempre dispõem de tempo para estudar, precisam trabalhar durante o dia e só têm a noite e os fins de semana para "por a matéria em dia"; encontram dificuldades para compreender e assimilar as informações; nem sempre percebem com clareza para que serve o que estão estudando; as notas obtidas nas provas são baixas, às vezes com reprovações contínuas na mesma matéria, e assim por diante.

Outros alunos não encontram dificuldades, estudam, pois têm tempo para isso, compreendem o conteúdo com maior facilidade, superam os obstáculos, vão bem nas provas e são aprovados em todos os semestres.

De modo geral, essa é a descrição do processo de aprendizagem de nossos alunos. E nós, professores, normalmente, lamentamos o insucesso dos primeiros e ficamos felizes com o sucesso dos segundos.

O aluno que está num processo de aprendizagem precisa ser acompanhado pelo professor nas diversas atividades que desenvolve: por meio de informações que lhe digam se ele está aprendendo ou não, se as atividades foram feitas de acordo com as orientações do professor e se, ao cumpri-las, mostrou que aprendeu o que se esperava. O aluno deve ser elogiado se atingiu o objetivo esperado ou deve receber ajuda para identificar o seu erro e superá-lo, caso não tenha aprendido.

O aluno precisa ser incentivado a ir mais longe quando seu desempenho já é bom, a não se desanimar quando enfrenta alguma dificuldade, a superar suas falhas e adquirir uma formação profissional competente e cidadã. Não podemos permitir que num processo de aprendizagem o aluno perca sua autoestima e se desvalorize. O processo de avaliação, em vez de se apresentar ao aluno como momento de tensão e terror, verdadeiro julgamento, poderá ser percebido e sentido como momento de motivação para ele crescer e aprender.

Mas, para que tudo isso aconteça, é necessário que os aprendizes em uma sala de aula (alunos e professor) construam juntos um processo de aprendizagem acompanhado por um processo de avaliação como informação (*feedback*) contínua, que oriente o aluno a conseguir seus objetivos de formação durante o semestre.

Chamar atenção para o "durante o semestre" reforça a ideia de que o aluno aprende num movimento contínuo e não apenas com algumas provas pontuais realizadas em datas marcadas.

Como se pode perceber, essa nossa reflexão nos leva a responder de modo diverso à pergunta "existe um modo diferente de avaliar?": sim, avaliação serve para ajudar o aluno a aprender, e então podemos realizá-la de modo diferente.

Compreendendo o processo de avaliação

Definimos anteriormente o processo de avaliação como parte do processo de aprendizagem, da qual o aluno é o sujeito. Nós como professores estamos em primeiro lugar comprometidos com o nosso aluno e não com a disciplina que ministramos; estamos comprometidos com a aprendizagem dele, e não com o cumprimento de um programa de conteúdos estabelecidos.

Para que a aprendizagem aconteça, temos necessidade do apoio de um processo de avaliação que, em primeiro lugar, esteja comprometido com o incentivo e com a motivação do aluno para aprender.

Na sequência, um processo de avaliação que faça o acompanhamento do aluno em suas atividades programadas por meio da informação (*feedback*) contínua oferecida a ele por meio de comentários orais ou escritos, deixando claro em cada atividade o que o aluno aprendeu ou não, o que deve ser refeito ou complementado, ou qual nova atividade deverá realizar. Estamos falando de um processo de avaliação formativa.

Estamos falando de um *feedback* contínuo em todas as ocasiões de aprendizagem. Não serão suficientes as apresentações das notas ou resultados de provas esporádicas bimestrais ou semestrais. A publicação de notas não pode ser compreendida como *feedback* para a aprendizagem.

O *feedback* se caracteriza por uma atitude diagnóstica, que permite verificar se a aprendizagem está sendo alcançada, ou não, e por quê; e por uma dimensão prospectiva, quando oferece informações quanto ao que o aluno poderá fazer dali em diante para um contínuo reiniciar do processo de aprendizagem até atingir os objetivos finais, e, enquanto ele atua continuamente durante o aprendizado, realiza a dimensão de avaliação formativa.

Técnicas avaliativas

Com a compreensão do processo de avaliação servindo para ajudar o aluno a aprender e esse modo diferente de fazer a avaliação, ficam descartadas as provas que se fazem?

Não. Não se trata de descartar técnicas avaliativas, como são as provas, mas de saber usá-las de acordo com os objetivos que queremos avaliar.

Para realizarmos o processo de avaliação como descrevemos anteriormente, precisamos de instrumentos que nos auxiliem nesse trabalho. Esses instrumentos são as técnicas avaliativas que empregaremos durante o processo de aprendizagem.

Provas discursivas, provas de múltipla escolha, provas com consulta, solução de casos reais ou simulados, relatórios de visitas técnicas, relatórios de laboratórios, trabalhos escritos, monografias, relatórios de pesquisa, entrevistas orais, provas com questões de lacunas, provas práticas, diário de curso (portfólio), lista de verificação (*checklist*), observação, são algumas das técnicas que podemos usar no processo de avaliação.

A escolha de qual técnica usar em cada momento da avaliação vai depender dos objetivos que queremos avaliar, se foram alcançados ou não. Não são todas as técnicas que servem para avaliar todos os objetivos.

Daí a necessidade de os professores conhecerem muito bem no que consiste cada uma das técnicas, para que servem, como funcionam, como aplicá-las de forma correta para que os alunos possam efetivamente aprender com elas.

É preciso saber explorar a potencialidade das técnicas para o desenvolvimento da aprendizagem dos alunos. Consideremos dois exemplos:

1. Prova discursiva. Uma das técnicas mais usadas no processo de avaliação, cujas respostas são corrigidas pela verificação dos conceitos, se estão corretos ou não, e daí se parte para a atribuição de nota. Essa técnica poderia ser usada para verificar se o aluno, além da aquisição correta dos conceitos, aprendeu a expressar-se com síntese, lógica, fundamentação teórica, argumentos sólidos, clareza de pensamento. São muitos os aspectos de aprendizagem que o aluno pode desenvolver e por eles ser avaliado. Entretanto, para isso o aluno precisará ter clareza do que se espera que ele aprenda naquela unidade de trabalho e de que nessa prova todos esses aspectos serão avaliados, dentro da concepção de avaliação que defendemos e propusemos anteriormente.

2. Prova com consulta. Técnica muito usada, porém de forma incorreta. Entende-se, em geral, como prova com consulta a possibilidade de o aluno consultar seus apontamentos ou livros para responder às perguntas de uma prova discursiva. No entanto, a técnica de prova com consulta está relacionada ao aprendizado profissional numa situação simulada, isto é, apresentamos um caso real da futura profissão do aluno; sabemos de antemão que o aluno não tem condições teóricas de resolvê-lo; ele terá um prazo de dez a doze dias para resolver o caso e trazer a solução para o professor, que avaliará suas competências na solução do caso, na fundamentação teórica apre-

sentada e na pesquisa que fez para se fundamentar e encontrar a solução. Vejam que se trata da simulação de uma situação profissional em que alguém nos procura para uma assessoria, não temos a solução no momento e devemos pesquisar e estudar para responder adequadamente e com competência à solicitação feita.

Observem como uma técnica bem-entendida e aplicada permite ao aluno aprender e muito em sua formação profissional. Mas o professor precisa conhecer as técnicas avaliativas, saber explorá-las e usá-las adequadamente.

Com essas considerações, defendemos que há, sim, um modo diferente de avaliar, com a característica de se entender e trabalhar a avaliação como um processo de apoio, de incentivo e de motivação ao aluno para o desenvolvimento de sua aprendizagem.

4 | Como podemos fazer a diferença

13 Ofício de professor
Tema

Durante o tempo de faculdade, do mestrado e do doutorado, costumávamos ouvir que a competência de um bom professor estava no domínio que ele tinha sobre sua matéria, sua disciplina, sobre os conhecimentos que ele devia transmitir a seus alunos. Por isso, pode parecer estranho ouvir falar em docência como um "ofício" de professor.

Na verdade, essa é uma conquista moderna. Praticamente todos os autores da atualidade que abordam a formação de professores (Nóvoa, Imbernón, Perrenoud, Maria Isabel da Cunha, Léa Anastasiou, Zabalza, Feldmann, e outros) defendem a docência como uma profissão e um ofício que, como tal, exige aquisição e desenvolvimento de um conjunto de competências, formação, dedicação e disponibilidade para seu exercício.

Ser docente no ensino superior não pode ser confundido com "a boa vontade de dar algumas horas de meu tempo para ajudar os alunos de um curso"; não pode ser confundido com "um bico que vou fazer para melhorar meu salário"; não pode ser confundido com a possível capacidade de comunicar algumas experiências profissionais aos alunos.

Um profissional, em qualquer área, dedica de quatro a cinco anos para sua formação básica, outros anos para cursos de especialização, mestrado e doutorado, além de anos de experiência e de atuação em diversos campos de sua profissão.

Quanto tempo de formação pedagógica a maioria dos docentes do ensino superior teve no Brasil? Quanto tempo teve para aquisição das competências básicas para ensinar? Quantos anos teve de estudo? Quanto tempo teve de estágio? Teve alguma especialização, mestrado ou doutorado na área de docência?

Para a maioria, esse tempo de formação não existiu, e o desenvolvimento de competências para o magistério não foi possível de forma sistemática e assistida.

Essa situação nos ampara para dialogarmos um pouco sobre questões tão relevantes. Afinal, que competências profissionais são exigidas para se desempenhar o ofício, a profissão de docente no ensino superior?

O que se entende por competência?

É um "conjunto de conhecimentos e habilidades de que as pessoas necessitam para desenvolver algum tipo de atividade", responde-nos Zabalza (2006, p. 70), no que é acompanhado por Perrenoud & Thurler (2002, p. 19), que afirmam:

> [...] atualmente define-se uma competência como a aptidão para enfrentar um conjunto de situações análogas, mobilizando de uma forma correta, rápida, pertinente e criativa, múltipla recursos cognitivos: saberes, capacidades, microcompetências, informações, valores, atitudes, esquemas de percepção, de avaliação e de raciocínio.

Competência sempre tem a ver com um conjunto de saberes, conhecimentos, valores, atitudes, habilidades que nos tornam aptos a tomar decisões de forma correta, pertinente e criativa em nossa vida pessoal, familiar, profissional, social e cidadã.

Tratando de competência para a docência no ensino superior, entendemos que ela pode ser compreendida em três grandes áreas: na área do conhecimento, na área pedagógica e na dimensão política da ação docente.

Competência numa área de conhecimento

Como já vimos no tema 1, "Instituição de ensino superior: local de trabalho do professor", a instituição de ensino superior (IES) onde o professor vai lecionar se caracteriza como espaço e tempo em que se trabalha em primeiro lugar com o conhecimento sob as seguintes perspectivas: construção, produção (pesquisa), organização e socialização.

Como se pode explicar melhor essa competência que o docente deverá adquirir na área do conhecimento?

Todos admitimos que a docência exige domínio de *conhecimentos básicos* em determinada área; experiência profissional de campo; atualização constante por intermédio de cursos de aperfeiçoamento e de especializações; participações em congressos, simpósios e intercâmbios com especialistas; acompanhamento de revistas e periódicos de sua especialidade e exploração de *sites* e demais recursos do ambiente virtual e profissional.

Em nossos dias, a competência numa área de conhecimento da docência exige um novo patamar: o da pesquisa. Alguns entre os professores iniciantes viveram, de certa maneira, essa exigência quando participaram de cursos de mestrado e doutorado. Outros não. Mas, nas duas situações, convém que esclareçamos o que entendemos por essa exigência de pesquisa para a docência.

> Dizemos tratar-se de pesquisa aquela atividade que o professor realiza mediante estudos e reflexões críticas sobre temas teóricos ou experiências pessoais reorganizando seus conhecimentos, reconstruindo-os, dando-lhes novo significado, produzindo textos e *papers* que representem sua contribuição ao assunto e que possam ser lidos e discutidos por seus alunos e seus pares.
>
> Entendemos por pesquisa os trabalhos específicos preparados pelos professores para serem apresentados em congressos e simpósios, explorando aspectos teóricos, ou relatando criticamente suas experiências pessoais na área profissional ou de ensino, ou discutindo novos aspectos de algum assunto mais atual. Entendemos por pesquisa a redação de capítulos de livros, artigos para revistas especializadas, etc. (Masetto, 2012, p. 31)

A exigência de pesquisa para o docente dos cursos de graduação traz as marcas da produção intelectual e científica, pessoal e própria do professor como profissional intelectual que é e que o coloca para além de uma posição de ser apenas repetidor dos grandes clássicos. Ele tem sua mensagem a dar aos alunos, ele tem seu pensamento sobre o que discute com os aprendizes, ele tem sua contribuição à ciência e à própria área de conhecimento.

Competência na área pedagógica

Uma segunda competência a ser desenvolvida por aquele que se propõe a ser docente no ensino superior é a **competência pedagógica**.

Os professores, ao iniciar sua docência, sentem a falta e a necessidade de recursos pedagógicos para desempenhar suas tarefas. Os alunos, quando querem reclamar do professor, em geral usam a expressão "ele não tem didática". Em ambas as situações, podemos identificar a necessidade e a importância dessa competência para o professor.

Quando nos referimos a competência pedagógica, não estamos falando somente em técnicas para dar uma boa aula. Falamos de conhecimentos, habilidades e atitudes que o professor necessita para atuar em sala de aula.

O professor precisa saber fazer um planejamento de sua disciplina e de sua aula. Para isso, sua primeira preocupação deve ser ter ciência de que ele é um docente de um curso de graduação que pretende formar profissionais e de que essa formação se dá com a colaboração de todas as disciplinas. Sendo assim, cabe a cada professor se perguntar: em que minha disciplina pode colaborar para a formação desse profissional? Que competências para o exercício profissional o aluno pode aprender em minha disciplina?

A partir da resposta a essas perguntas, o professor inicia seu planejamento e passa a organizar o conteúdo da disciplina, as informações a serem trabalhadas, a bibliografia a ser estudada, as estratégias ou técnicas empregadas que irão colaborar para a aprendizagem dos alunos, o processo de avaliação que será realizado e o tempo ou a carga horária disponível.

Realizada essa etapa, o passo seguinte é a execução do plano em aula. Como fazer para que nosso plano possa ser executado com sucesso e nossos alunos aprendam?

A resposta a essa pergunta está inserida na compreensão e na adoção de uma atitude fundamental pelo professor: a mediação pedagógica.

Essa atitude comporta, no entender de Rogers (2011), a empatia com os alunos (isto é, dispor-se a se colocar no lugar do aluno para compreendê-lo, identificando assim suas potencialidades de crescimento e seus problemas de aprendizagem) e a confiança em que o aprendiz é capaz de aprender, de assumir seu processo de aprendizagem, de trabalhar para crescer e se formar.

A mediação pedagógica inclui atitudes de diálogo com os alunos, de respeito, de corresponsabilidade para que o processo de formação seja assumido por professor e aluno, de parceria para que o trabalho do dia a dia em aula seja realizado em equipe pelos alunos e pelo professor.

A competência pedagógica essencial para a docência no ensino superior é bastante trabalhada, comentada e exemplificada por vários autores; entre eles destacamos nesta reflexão Zabalza e Bain.

Zabalza (2006, pp. 183-209) destaca dez dimensões de uma docência com qualidade, todas elas voltadas para o desenvolvimento da área pedagógica. Em síntese, para ele, um professor deverá ser competente para:

- planejar sua docência voltada para um projeto formativo de seus alunos;
- organizar o ambiente de trabalho;
- selecionar os conteúdos interessantes e sua forma de apresentação;
- usar material de apoio, metodologia que incentive a aprendizagem do aluno, incorporar novas tecnologias e recursos diversos;
- dar atenção pessoal aos estudantes e aos sistemas de apoio;
- desenvolver estratégias de integração com os outros docentes;
- desenvolver sistemas de avaliação do processo de aprendizagem e mecanismos de revisão do processo como um todo.

Bain (2007, pp.133-150), ao investigar o que fazem os melhores professores universitários para dirigir suas classes, conclui que é preciso:

a. conseguir a atenção dos alunos e não perdê-la, por exemplo, com alguma ação, alguma pergunta ou alguma afirmação provocativa;

b. começar o trabalho com os estudantes em lugar de começar com a disciplina;

c. buscar compromissos;

d. ajudar os estudantes a aprender fora da sala de aula;

e. ajudar os estudantes a construir uma compreensão dos conceitos e não unicamente cumprir o programa;
f. criar experiências diversas de aprendizagem, levando em conta a heterogeneidade de seus alunos;
g. dar explicações;
h. deixar que os alunos se manifestem em aula com perguntas, dúvidas, comentários;
i. incentivar a apresentação de experiências pessoais;
j. incentivar o posicionamento crítico acerca dos temas;
k. utilizar cadeiras soltas na sala de aula para facilitar dinâmicas de grupo.

Com base no exposto anteriormente, acreditamos ter esclarecido que o **desenvolvimento da competência pedagógica** é uma formação bem mais complexa para o docente do que apenas conhecer algumas técnicas de ensino.

O exercício da dimensão política

Após considerarmos duas competências fundamentais para o docente do ensino superior (domínio da área de conhecimento e da área pedagógica), ainda nos resta pensar e dialogar sobre uma terceira competência igualmente importante: **o exercício da dimensão política.**

É verdade que somos especialistas em determinada área de conhecimento e como tais fomos contratados para lecionar. Mas essa é apenas uma das facetas de nossa personalidade. Quando entramos em sala de aula, trazemos junto o cidadão que também somos, comprometidos com o desenvolvimento de nossa sociedade, buscando melhores condições para nossa comunidade, atuando com responsabilidade social e procurando integrar as dimensões tecnológicas, éticas, sociais, culturais, ambientais e econômicas em nossas ações.

Essa dimensão de **cidadania** é que denominamos **política** e, ao realizarmos a docência, não podemos deixá-la de lado. Seu exercício requer atitudes muito simples. Por exemplo:

- integrar os conhecimentos teóricos com sua aplicação em situações reais ou simuladas da vida profissional;

- realizar estudos de situações profissionais em que haja necessidade de utilizar as informações de que o aluno dispõe, discutindo as consequências dessas aplicações;
- realizar estudos de caso que envolvam consequências para o meio ambiente, ou para grupos de pessoas, ou para problemas regionais ou nacionais, discutindo e analisando essas consequências sob o olhar dos valores que estão incluídos nas soluções propostas;
- discutir questões profissionais que possam ter mais de um encaminhamento, dependendo dos valores éticos, culturais ou sociais em jogo;
- criar mesas-redondas em que os participantes possuam posições antagônicas sobre determinado assunto, obrigando que os argumentos e os fundamentos teóricos e políticos (cidadãos) sejam trazidos ao debate pelos participantes;
- fazer com que os alunos debatam em aula os temas programados, relacionando-os sempre a fatos e acontecimentos reais e atuais de nossa sociedade e de nosso tempo.

Em suma, devem-se criar condições para que os assuntos trabalhados em aula sejam vivos, reais, discutidos com critérios científicos e sociais, analisados conforme as consequências das decisões para as pessoas e para a sociedade.

O ofício de professor só acontece quando exercemos nossa docência com profissionalismo, isto é, de forma competente e cidadã.

14
Tema

Profissionalidade e carreira docente

Estamos diante de um tema de grande atualidade e com o qual em várias oportunidades vamos nos defrontar.

Como todos sabemos, a função do professor está associada ao ato de ensinar, de propiciar condições de aprender e, no ensino superior, de formar profissionais para se inserir produtivamente na sociedade.

Roldão (2005) discute que, para saber ensinar, não basta ter o domínio de um conhecimento científico e de procedimentos didático-pedagógicos. É preciso ter competência para transformar esse conhecimento em material e processos de aprendizagem. É esse saber específico que distingue a atuação do professor e ao qual hoje atribuímos o conceito de profissionalidade docente.

Originado na Itália, o termo *profissionalidade* refere-se a um conjunto de competências, conhecimentos e experiências socialmente reconhecidas para o exercício de determinada função. Em outras palavras, a profissionalidade é a forma de a pessoa exercer uma profissão, aquilo que precisa dominar para enfrentar situações de trabalho cotidianas.

Sacristán (1998, p. 65) trouxe essa discussão para o Brasil e para a docência durante as amplas reformas educativas da década de 1990, quando definiu profissionalidade docente como "a afirmação do que é específico na ação docente, isto é, o conjunto de comportamentos, conhecimentos, destrezas, atitudes e valores que constituem a especificidade de ser professor".

A especificidade de ser professor, além da atuação em aula para que os alunos aprendam, inclui também:

a. a gestão das atividades educacionais que pratica na interface com a legislação e a organização do sistema educativo em que está inserido (diretrizes curriculares, projeto pedagógico, autonomia do professor, etc.);
b. a adaptação às condições de trabalho que lhe são oferecidas (características educativas da instituição, nível intelectual dos alunos, instalações físicas, material didático, etc.);
c. a interação com a comunidade educacional (em seu papel de professor) e com o mercado profissional de sua área de atuação (como especialista em determinado assunto).

Pressupõe-se, portanto, que o perfil do professor do ensino superior deva ser o de um profissional com capacidade de docência, investigação e gestão, em condições de analisar, compreender e interpretar o contexto no qual desenvolve sua atividade, de modo a poder partilhar com seus alunos a possibilidade de intervenção nessa realidade.

Segundo Perrenoud (2000, p. 178), a profissionalização é uma "transformação estrutural, por isso não se decreta [...] é uma aventura coletiva, mas que se desenrola também por meio de opções pessoais dos professores, de seus projetos, de suas estratégias de formação".

Quando escolhemos a profissão que queremos seguir, estamos escolhendo nossos futuros amigos, nossos pares de trabalho, os assuntos que conversaremos, a forma como enxergaremos o mundo. Assim, quando os desafios cotidianos vão surgindo, vamos percebendo nossas carências de formação, nossas deficiências de competências, nossas desatualizações, etc. Essas necessidades vão sendo dirimidas ou amenizadas com base em um processo de formação ao longo da vida.

Formação ao longo da vida

A área de formação vai determinar em que curso podemos lecionar no ensino superior. Por exemplo, quem se formou em história e fez uma especialização ou mestrado em educação poderá dar aulas de componentes curriculares relacionados às disciplinas que estudou em ambos os cursos. Além disso, a maioria das instituições de ensino superior atualmente exige que os professores tenham no mínimo uma especialização, de preferência relacionada à didática.

Nas universidades, é necessária a titulação de mestre ou doutor para lecionar, o que indica a necessidade de uma especialização numa área de conhecimento.

Dada a complexidade que hoje se apresenta para a docência no ensino superior, muitas vezes a formação inicial, mesmo que agregada à experiência profissional, não é suficiente para se enfrentarem as situações de sala de aula. O professor iniciante logo percebe algumas carências formativas.

Os professores, tais como outros profissionais, também precisam atualizar seus conhecimentos de conteúdos específicos e suas competências pedagógicas. E não se trata simplesmente de objetivos pragmáticos, reduzidos à necessidade de resolução de problemas que enfrentam no dia a dia, com alunos, na sala de aula, com a instituição, etc.

Recentemente, tem-se admitido que a atualização e o aperfeiçoamento de competências se dão por meio de *um processo* de educação, com fases e objetivos específicos, que ocorre *ao longo da vida*. É um desenvolvimento constante, que tem conotação de evolução e continuidade.

A formação permanente que estamos considerando busca fortalecer a atuação docente ao criar as bases e a legitimação da profissionalidade. Ela se dá, basicamente, em razão de três propósitos, que podem ocorrer isoladamente ou em conjunto: 1) a introdução de novos conhecimentos ou competências à formação anterior; 2) o aprofundamento ou especialização em um tema específico e 3) a atualização e renovação do acervo.

Essa formação a que nos referimos deve ajudar o professor a desenvolver sua profissionalidade, na medida em que o capacita a fazer uma análise do contexto educativo em que se encontra para então revisar e, se necessário, transformar suas práticas em busca de melhores resultados de aprendizagem.

Ressaltamos, no entanto, que não é um curso ou uma vivência isolada que transformará o professor em docente profissional. A docência é uma atividade multifacetada que implica interação de conhecimento, atividades, estrutura, recursos e que envolve estudantes, professores, coordenadores de ensino, pessoal administrativo, empresários, pais e, em última instância, o governo por meio das políticas públicas. É na interação do professor com todos esses atores e com as variadas oportunidades de formação que tiver que a profissão docente será socialmente construída.

Reflexão sobre a prática docente

Algumas dificuldades que sentimos como professores são muito evidentes, mas outras surgem conforme vivenciamos certas situações com os alunos, com os colegas, com a organização do tempo de aula, etc.

O desenvolvimento do professor passa obrigatoriamente pela revisão prático-teórica da própria atuação. O professor criterioso analisa sua prática em relação à classe, ao curso, ao currículo, ao saber, ao seu desempenho, aos colegas. Essa proposição, consagrada desde Schön (1983) e Zeichner (1990), preconiza a prática planejada, realizada, analisada e aprimorada em razão da reflexão crítica.

A busca pela profissionalidade valoriza a ação docente, pois é fonte de saber que permite ao professor libertar-se das práticas rotineiras, avaliá-las e implantar, sempre fundamentados no diálogo com a teoria, os processos e os ajustes que forem convenientes. É uma reflexão que ajuda a recompor o equilíbrio entre as práticas dominantes e a teoria que as sustenta.

É importante ressaltar que essa reflexão prático-teórica da própria atuação não se detém nos conhecimentos técnicos e pedagógicos, mas deve estender-se à análise de habilidades, teorias, valores e atitudes; a suas teorias implícitas, suas concepções, seus valores, seu entendimento sobre a função docente; a seus esquemas de organização do trabalho.

Investigar a atuação docente pode ser uma excelente ferramenta para revisão e reflexão individual e coletiva das ações pedagógicas e para o engajamento do professor em projetos interdisciplinares, comunitários e institucionais. "Sua reflexão deve atravessar as paredes da instituição para analisar todo tipo de interesses subjacentes à educação, à realidade social, com o objetivo concreto de obter emancipação das pessoas". (Imbernón, 2000, p. 40)

Construir a profissionalidade passa obrigatoriamente pela reflexão sobre a prática e sobre o processo de educação permanente, mas deve também ser um fator indutor da identidade docente.

Entendemos por identidade docente a compreensão que temos de nós mesmos como profissionais. Uma identidade profissional se constrói com base no significado que a profissão tem para cada um, na sua história de vida, no seu modo de situar-se no mundo. Assim, a identidade do professor se estabelece com base no que significa para ele "ser professor".

Os professores ensinam tanto pelo que sabem, quanto pelo que são, argumenta Zabalza (2004), acrescentando que a expectativa que eles têm sobre seu trabalho, a maneira como planejam suas atividades, a maneira de abordarem os conteúdos selecionados, a metodologia empregada, as exigências para aprovação, o relacionamento com os alunos e a instituição refletem o que são, sentem ou vivem. A identidade não é um dado imutável nem adquirível, mas é algo que vai sendo construído ao longo da vida de cada sujeito. É um processo de tomada de consciência gradativa das capacidades e possibilidades, das revisões de seus valores e seus saberes, de suas necessidades e de como satisfazê-las. A identidade profissional:

> [...] define-se, de acordo com o modo de ser no mundo, num dado momento, numa dada cultura, numa história, e a ela estão associadas as motivações, os interesses, as expectativas e todos os elementos multideterminantes dos modos de ser dos profissionais. (Gatti, 1996, pp. 85-90)

A identidade profissional é a representação que faço de mim mesmo e que os demais atribuem a mim, no que se refere ao trabalho que realizo por meio de um processo gradativo e lento, porém imperativo no exercício da vida. É imprescindível saber o que se "é" para saber o que se "quer", saber "ser" para saber "fazer". A identidade profissional se constrói com base no significado que a profissão tem para cada um, do que significa ser professor no ensino superior.

Dessa maneira, o profissional que for convidado a abrilhantar um curso relatando suas experiências profissionais agirá como profissional que é: engenheiro, administrador, gestor, empreendedor ou outro. Grande parte do corpo docente dos cursos superiores é recrutada entre profissionais da área, e o valor que agrega aos cursos é indiscutível, mas trata-se de "especialistas", não de profissionais cuja identidade é ser professor.

Construir a identidade docente é algo muito complexo e pessoal e extremamente importante para uma atuação competente e gratificante.

Gatti (1996, pp. 85-90) afirma que "os professores constroem suas identidades profissionais no embate do cotidiano nas escolas, sobre a base das vivências que sua atuação social de classe, sexo ou raça possibilitou como *background*".

A identidade condiciona o moral profissional, a capacidade de trabalho e, com o passar do tempo, a efetividade das ações pedagógicas.

O professor que tem claro seu papel docente, dificilmente se abate com as mazelas do dia a dia ou se desestrutura com a complexidade das expectativas que se acumulam sobre si, mas tem uma atitude profissional de adequação de seu perfil às novas demandas educacionais e/ou sociais.

Carreira docente

E como faço para construir minha carreira como professor?

A partir do século XIX, o termo *carreira* começou a ser empregado tal qual o conhecemos hoje: trajetória da vida profissional, ofício, profissão que apresenta etapas, progressão.

Anteriormente as carreiras profissionais apresentavam características de estabilidade, e as pessoas costumavam iniciar e terminar sua vida profissional no mesmo emprego. Hoje, o contexto é outro: as carreiras apresentam alta mobilidade, baixa continuidade e flexibilidade de funções, com novas formas de contratos de trabalho.

No caso da docência, encontramos as duas realidades convivendo: a carreira tradicional é possível nas instituições públicas do ensino superior; nas IES particulares, predominam contratos de trabalho mais flexíveis, que atendem às necessidades imediatas de formação do corpo docente.

A dicotomia "público × privado" define as possibilidades de inserção dos professores no ensino superior. A Lei de Diretrizes e Bases nº 9.394/96 estabelece que a qualificação profissional necessária para o exercício da profissão de professor de cursos tecnológicos, licenciaturas e bacharelados é que tenha diploma do ensino superior. Baseadas nisso, as instituições, dependendo de suas características, determinam a forma de recrutamento, seleção, expectativa de atuação, contratação e remuneração. Com base em nossa experiência, elaboramos os quadros a seguir para demonstrar as principais diferenças entre as instituições públicas e privadas nesses aspectos:

Quadro 3 – Universidades públicas

Recrutamento	Editais públicos.
Seleção	Concursos públicos; em geral, compostos por apresentação de dossiê, prova escrita e prova prática.
Exigências de formação	Mínimo mestre.
Composição do corpo docente	Mínimo de um terço titulado.
Tipos de contratação	Parcial, integral ou dedicação exclusiva.
Expectativas de atuação	Docência, pesquisa e gestão.
Carreira	Carreira pública preestabelecida, na qual os fatores tempo de serviço, formação e produção são determinantes.
Remuneração	De acordo com o tipo de contrato e categoria na carreira.

Quadro 4 – Instituições de ensino particulares

Recrutamento	Processos internos e, em casos raros, editais.
Seleção	Processos próprios, em geral, compostos por entrevista e prova prática.
Exigências de formação	Variam de graduados a doutores, mas grande parte exige no mínimo a especialização.
Composição do corpo docente	Mínimo de um terço, com contratação em tempo integral.
Tipos de contratação	Existem características diferenciadas de contratos e categorias na rede privada, sendo a maioria de professor com contrato parcial ou horista.
Carreira	Própria de cada IES.

Cuidados da carreira docente

Nem tudo são flores na carreira de professor do ensino superior. Como explica Fanfani (2007), existe uma distância entre a imagem ideal da função docente e a realidade relacional e temporal de sua prática. Quando iniciamos uma carreira, tendemos a olhar apenas seus aspectos positivos. Mas, ao longo deste livro, temos refletido sobre como nos preparar para uma atuação docente profissional, o que inclui tomar consciência das mazelas que acompanham nossa carreira e nos preparar também para enfrentá-las.

A massificação e a popularização do ensino superior serão a primeira dificuldade encontrada. Como vimos no tema 4, "Quem são os alunos do ensino superior", o professor encontrará classes com público heterogêneo, com diversos históricos escolares, ritmos de aprendizagem, motivações e interesses. A relação quantitativa entre professor e alunos ficou desproporcional, desqualificando a relação entre eles.

O professor também terá que lidar com problemas paralelos, como baixas condições de trabalho, salas com grande número de alunos, concorrência com a internet e outros provedores de informação, indisciplina, falta de infraestrutura, cronogramas irracionais de atribuição de aulas, rodízio nos diferentes *campi* das IES, algumas vezes até violência e preconceito.

Muitas instituições de ensino superior adotam, no princípio de divisão de tarefas, a separação entre a concepção e a execução do trabalho. Há uma equipe que pensa o projeto pedagógico do curso e aqueles que fazem o projeto acontecer em sala de aula, excluindo os professores das decisões curriculares e tornando a docência repetitiva, mecânica e algumas vezes apartada do restante do curso.

Em algumas IES, é adotado material pedagógico padronizado, que os professores devem utilizar; isso restringe sua autonomia e gera um controle técnico informal.

No caso da educação a distância, se tomarmos como exemplo a maioria dos cursos ofertados, verificaremos a lógica descrita nos dois parágrafos anteriores, na qual um especialista é chamado a produzir conteúdos que serão veiculados pelos recursos técnicos. Resta ao professor, na outra ponta, o papel da mediação, no máximo.

Poucas são as instituições que oferecem oportunidades de desenvolvimento pessoal aos professores. Existem algumas iniciativas isoladas e fragmentadas, cursos com temas específicos e outros. É importante que o professor seja estimulado, motivado e que obtenha recursos que facilitem a reflexão crítica e a pesquisa científica em uma proposta de educação ao longo da vida.

O reconhecimento social da profissão docente decaiu. Atribuem-se a isso alguns fatores; entre os mais significativos estão: o fato de que a profissão é pouco seletiva, vários professores atuam no ensino superior sem a devida formação, dando a impressão de que qualquer um pode fazê-lo, o que gerou a imagem de desqualificação; o segundo fator é a alteração do papel tradicional do professor em uma escola, que já não é mais o único local para se obter conhecimento. Essa desvalorização da profissão de professor reflete-se automaticamente nos salários, que se apresentam aquém da remuneração de outros profissionais com o mesmo índice de responsabilidade. O desprestígio da categoria, os baixos salários, as condições inadequadas de trabalho já são de domínio público e veiculados constantemente pela mídia.

Outro ponto de fragilidade é que o corpo docente não se constitui como categoria profissional. O sistema de organização da categoria é bastante questionável; apesar de muitos pertencerem a sindicatos, há uma participação inexpressiva em mobilizações, assembleias e outras formas de organização. O movimento sindical começa a ganhar força em relação à garantia de alguns direitos da classe, já consagrados, mas os demais dependem de longos processos de negociação com as instituições.

A precarização das condições de trabalho do professor tem sido apontada como um grande fator de desmotivação profissional, de desgaste pessoal e até mesmo de frustração. A insatisfação de um modo ou de outro afeta o desenvolvimento das práticas e a qualidade do processo educativo.

Pudemos observar pela discussão neste capítulo a complexidade que envolve a profissionalidade docente. Esta implica dominar uma série de capacidades e habilidades específicas que nos permitam entrar nessa dinâmica e principalmente interagir com a cultura profissional em seus variados aspectos.

Ser profissional é participar de uma cultura que permita melhorar os indivíduos, os processos e os produtos de trabalho e, portanto, requer, antes, de tudo, maturidade pessoal e responsabilidade ética. É evidente que o professor precisa de novos sistemas de trabalho, e é necessário, pertinente e urgente que novos subsídios lhe sejam oferecidos em termos de formação para que possa desenvolver sua profissionalização.

A profissionalização não pode ser vista apenas como sinônimo de qualificação e capacitação, mas como expressão de uma posição social e ocupacional. Ser profissional significa exercer uma atividade organizada que esteja inserida no sistema dinâmico do mercado de trabalho.

Concluímos esta discussão com as palavras de Imbernón (2000, pp. 43-44):

> "[...] a nosso ver a profissão docente desenvolve-se por diversos fatores: o salário, a demanda do mercado de trabalho, o clima de trabalho nas escolas em que é exercida, a promoção na profissão, as estruturas hierárquicas, a carreira docente, etc. e, é claro, pela formação permanente que essa pessoa utiliza ao longo de sua vida. Essa perspectiva é mais global e parte da hipótese de que o desenvolvimento profissional é um conjunto de fatores que possibilitam ou impedem que o professor progrida em sua vida profissional".

Tema 15 | Ousar e inovar na atuação docente

Conforme temos dialogado ao longo deste livro, ser professor do ensino superior nos dias de hoje exige uma atuação que supera a experiência profissional e o domínio de um conhecimento específico a serem transmitidos aos alunos. A conjuntura é tal, que nós, professores, precisamos constantemente buscar alternativas para desenvolver com os nossos alunos um processo de aprender interessante e significativo, que lhes proporcione uma efetiva formação profissional. Precisamos inovar a cada dia, a cada turma, a cada curso de que participamos.

É certo que o termo "inovar" tem sido amplamente utilizado em situações educacionais e pode ser compreendido de inúmeras maneiras, tratando-se de ensino superior. Ações das mais variadas abrangências e justificativas continuam sendo implementadas atreladas às necessidades da globalização e de modernização da oferta educacional. Faz-se necessário adequar e qualificar a formação dos jovens profissionais de modo a atender às demandas da sociedade produtiva atual e também proporcionar-lhes condições de inserção e competitividade no mercado de trabalho, até mesmo no âmbito internacional.

Alguns movimentos nesse sentido podem ser citados. A universidade aberta e as novas tecnologias de informação e comunicação atendem às demandas por democratização do ensino superior. A internacionalização surge como alternativa à frequente mobilidade e à agilidade dos estudantes. O intercâmbio e a construção das redes de conhecimento surgem como resposta à intensa e variada produção de informação e produção científica.

A interdisciplinaridade busca superar a fragmentação do saber. Os currículos integrados, os trabalhos por projetos, a integração com os ambientes profissionais, entre outros, apontam na direção de metodologias ativas. Novas e mais efetivas formas de avaliar o desempenho dos envolvidos no processo de aprender são adotadas.

Todas essas inovações que vêm ocorrendo no ensino superior identificam o movimento de superação do modelo de formação anterior e a necessidade de se buscarem outras formas de melhor desenvolver o aluno, de modo que esse futuro profissional possa atender, de forma crítica e produtiva, às demandas da sociedade.

No entanto, é preciso cuidar para que o conceito de inovação seja entendido como um conjunto de alterações coerentes e contextualizadas, que se imprime a um processo de desenvolvimento da aprendizagem e não seja meramente uma ação isolada, espontânea, individual ou de um pequeno grupo independente, que se apresenta apenas como um enganoso valor agregado. Masetto (2012, p. 25) aponta que

> Talvez agora possa ficar mais claro o conceito que defendemos de inovação no ensino superior quando afirmamos que não será qualquer alteração casual, moderna ou oportunista que poderemos assumir como inovação. Serão alterações relevantes, integradas e coesas, coerentes com novas propostas para o ensino superior que provenham ou das mudanças de nossa sociedade e das novas concepções da universidade profundamente vinculadas a um novo processo de aprendizagem a ser desenvolvido ou de uma nova proposta de trabalhar com o conhecimento em nossos dias.

É nesse contexto de inovação educacional, amplo e multidimensional, voltado para os aspectos fundamentais do processo de aprendizagem, que se insere o professor do ensino superior. É nesse contexto que precisamos refletir sobre nossas "aulas"[10] e repensar nossa docência em uma perspectiva inovadora. Que concepções e atitudes precisam de

---

[10] Adotamos aqui o conceito de Masetto, em que aula é toda e qualquer situação que reúna professor, aluno, conhecimento, prática e realidade em busca de uma aprendizagem intencionalmente voltada para a formação profissional.

novas abordagens? Que ações pedagógicas ou andragógicas que afetam pontos-chave e eixos constitutivos de nossa prática merecem revisão? Que novas competências precisam ser desenvolvidas para que se transforme o processo educativo em uma prática dialógica?

O cenário da educação atual caracteriza-se por uma série de discussões e dúvidas a respeito de como se desenvolver adequadamente o processo de formação do futuro cidadão-profissional, em um mundo onde imperam a incerteza e a provisoriedade. Imbernón (2000) traz à tona reflexões sobre o pós-modernismo, a globalização e como isso afetará a educação no futuro. Ao longo do livro, ele também questiona o que manter, o que abandonar, o que revolucionar e como inovar a educação atual.

Em nosso modo de ver, inovar na ação docente é **buscar** um novo entendimento do que é ser professor do ensino superior, comprometer-se com essa ideia e agir como um profissional da docência.

Inovar é **ousar**, romper com o paradigma tradicional ainda presente em algumas instituições de ensino superior (IES) de transmitir informações e vivências profissionais acumuladas em anos de prática.

Inovar é **entender a classe** não apenas como o lugar em que se ensina, mas como um local de busca por conhecimento e abertura para a aprendizagem. O docente é aquele que medeia as ações de disseminação do gosto pelo saber e partilha a escolha do caminho de formação profissional a seguir com aquele que aprende. Inovar é entender que esse caminho se faz diuturnamente, aula após aula, semanas após semanas em um processo particular que envolve alunos, professores, colegas, situações de aprendizagem, interações com profissionais da área, pesquisas relacionadas ao exercício de uma profissão.

Inovar é, conforme vimos ao longo deste livro, desenvolver conhecimentos, competências e atitudes que permitam ao professor atuar como profissional da docência no ensino superior. Inovar é refletir e atuar considerando os aspectos listados a seguir:

- compreender seu local de trabalho como o local onde prioritariamente se desenvolvem o conhecimento e a formação de um futuro profissional;
- identificar as IES como um local com características e organização próprias para facilitar seu processo de integração;

- engajar-se no currículo do curso e reconhecer-se participante e responsável pela efetivação e qualidade do produto final;
- distinguir as características dos alunos do ensino superior e compreender a multiculturalidade de cada classe;
- entender os processos de aprendizagem dos alunos para melhor adequá-los à prática docente;
- integrar-se aos alunos e com eles relacionar-se na perspectiva da corresponsabilidade pela aprendizagem e da prática colaborativa;
- rever o conceito de autonomia e isolamento com a perspectiva de um trabalho colaborativo com seus pares;
- rever o conceito de "aula";
- identificar os elementos de um planejamento docente e compreendê-lo como uma ferramenta estratégica para o trabalho do professor;
- relacionar objetivos a serem atingidos com conteúdos a serem selecionados e adequados à carga horária disponível;
- compreender o papel das técnicas e das tecnologias de informação e comunicação (TICs) na eficácia das estratégias adotadas;
- rever o papel do processo de avaliação e sua importância nos processos de aprendizagem;
- refletir sobre o ofício de professor;
- compreender o novo papel do professor do ensino superior e repensar sua carreira;
- ousar e inovar com atitudes que podem fazer a diferença na atuação do professor.

Como afirmamos no início deste livro, procuramos dialogar com nossos colegas, jovens professores do ensino superior, sobre as experiências que acumulamos em nossa trajetória no magistério. Elas são frutos de nossos estudos, práticas e aprendizagens até o momento. A busca por inovar nossas ações docentes foi a propulsora de nossas práticas, na tentativa de facilitar e tornar mais significativa a aprendizagem de nossos alunos e mais qualificada sua formação profissional.

Consideramos que ousar, **fazer diferença** como professor do ensino superior passa indubitavelmente pela percepção inovadora do **ser** e **fazer** docente.

Foi essa ideia que pretendemos socializar. Que ela possa contribuir para a carreira profissional de nossos leitores.

Apêndice 1 – Organização do ensino

O sistema de educação vigente no Brasil atual apresenta uma arquitetura que divide o ensino superior em dois ciclos diferenciados pelo grau de abrangência e especialização: a graduação e a pós-graduação.

A graduação, considerada de formação inicial, está subdividida nos cursos para formação de tecnólogos, bacharelados e licenciaturas, e tem o propósito de desenvolver a profissionalidade, a integração de conhecimentos e as competências vinculadas a uma profissão em determinado contexto. Paralelamente à graduação, existem os cursos sequenciais para a inserção imediata dos alunos no mercado de trabalho.

A pós-graduação é considerada um processo de educação continuada; subdivide-se em especialização, mestrado (acadêmico e profissional) e doutorado, e espera-se que com ela os profissionais ampliem e aprimorem saberes para enfrentar as situações que se apresentam no desempenho de suas funções profissionais.

Com base nos dados do Portal Brasil, desenhamos o gráfico a seguir, para ilustrar a organização do ensino em nosso país.

Gráfico 1 – Organização do ensino no Brasil

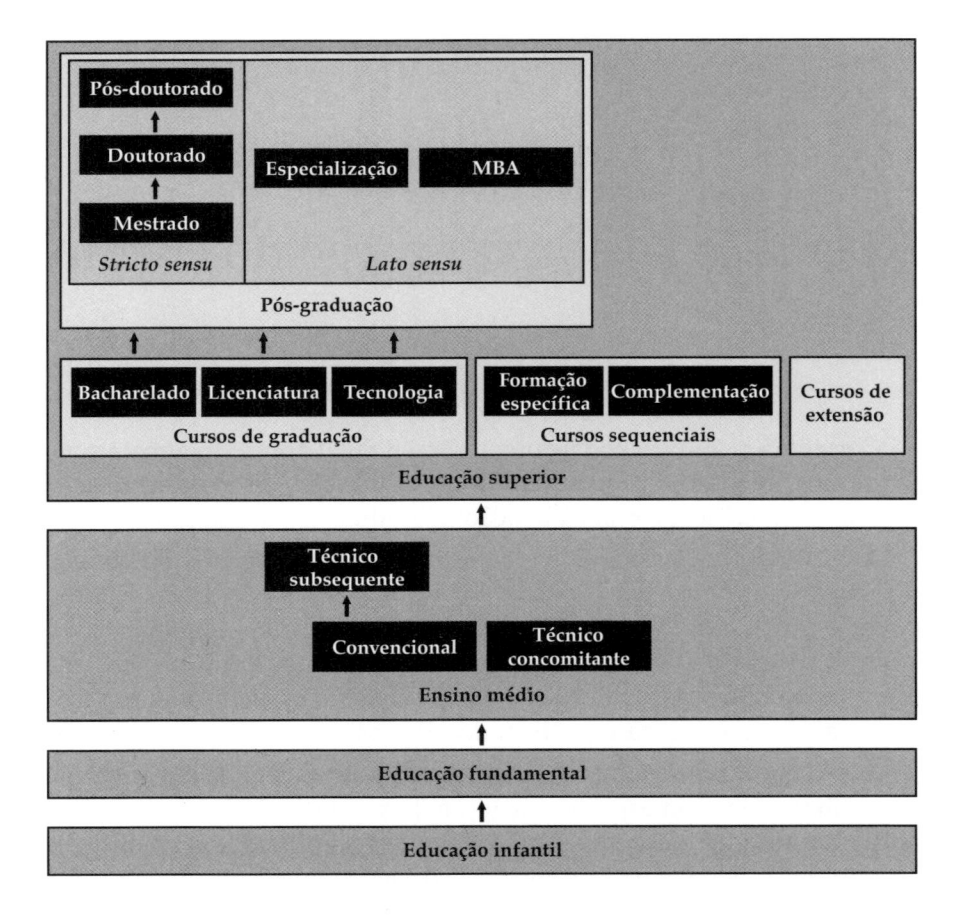

```
┌─────────────────────────────────────────────────────────────────────┐
│   ┌──────────────┐                                                   │
│   │ Pós-doutorado│                                                   │
│   └──────▲───────┘                                                   │
│   ┌──────┴───────┐   ┌──────────────┐   ┌──────┐                    │
│   │  Doutorado   │   │Especialização│   │ MBA  │                    │
│   └──────▲───────┘   └──────────────┘   └──────┘                    │
│   ┌──────┴───────┐                                                   │
│   │   Mestrado   │                                                   │
│   └──────────────┘                                                   │
│     Stricto sensu            Lato sensu                              │
│                      Pós-graduação                                   │
├──────▲──────────▲──────────▲────────────────────────────────────────┤
│ ┌─────────┐┌───────────┐┌──────────┐ ┌─────────┐┌──────────────┐┌──────────┐
│ │Bacharelado││Licenciatura││Tecnologia│ │ Formação ││Complementação││ Cursos de│
│ │         ││           ││          │ │específica││              ││ extensão │
│ └─────────┘└───────────┘└──────────┘ └─────────┘└──────────────┘└──────────┘
│        Cursos de graduação              Cursos sequenciais                  │
│                            Educação superior                                │
├───────────────────────────────▲─────────────────────────────────────┤
│                     ┌──────────────┐                                 │
│                     │   Técnico    │                                 │
│                     │ subsequente  │                                 │
│                     └──────▲───────┘                                 │
│                  ┌──────────────┐  ┌──────────────┐                 │
│                  │ Convencional │  │   Técnico    │                 │
│                  │              │  │ concomitante │                 │
│                  └──────────────┘  └──────────────┘                 │
│                            Ensino médio                              │
├───────────────────────────────▲─────────────────────────────────────┤
│                     Educação fundamental                             │
├───────────────────────────────▲─────────────────────────────────────┤
│                       Educação infantil                              │
└─────────────────────────────────────────────────────────────────────┘
```

Apêndice 2 – Tipos de IES conforme sua organização

As instituições de ensino que atuam em diferentes níveis de educação superior, segundo Buarque (2003), ainda não possuem inter-relações entre seus elementos para imprimir a clareza de um sistema integrado, mas, conforme sua organização, podem ser identificadas pela organização administrativa e acadêmica:[11]

Gráfico 2 – Organização administrativa das IES

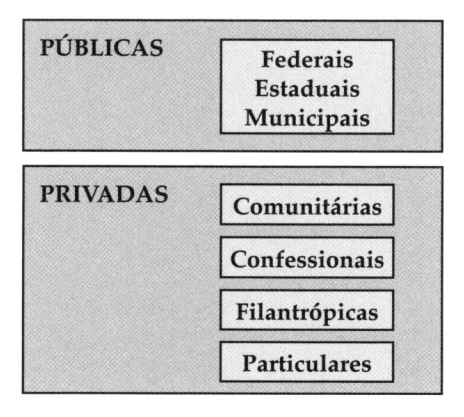

PÚBLICAS	Federais Estaduais Municipais
PRIVADAS	Comunitárias
	Confessionais
	Filantrópicas
	Particulares

---

[11] Para mais informações, acesse htpp://www.mec.gov.br, //www.inep.gov.br ou o Decreto nº 2.606/1997.

Gráfico 3 – Organização acadêmica das IES

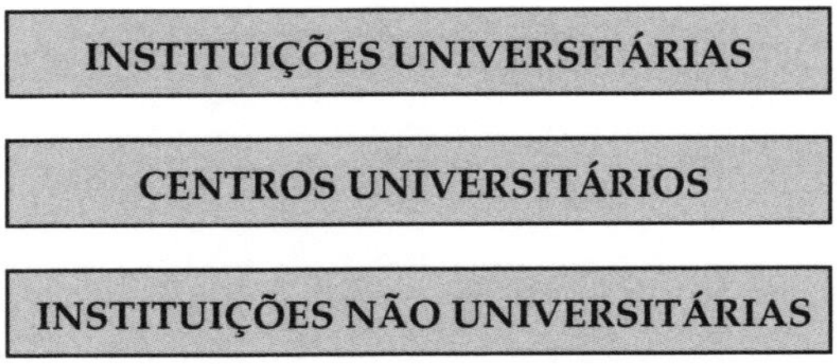

INSTITUIÇÕES UNIVERSITÁRIAS

CENTROS UNIVERSITÁRIOS

INSTITUIÇÕES NÃO UNIVERSITÁRIAS

Bibliografia

Apresentação

PERRENOUD, Philippe. *A prática reflexiva no ofício do professor*. Porto Alegre: Artmed, 2002.

Tema 1: Instituição de ensino superior: local de trabalho do professor

ESCARTÍN, Jordi *et al*. *El docente novel, aprendiendo a enseñar*. Em I Congresso Internacional sobre Profesorado Principiante e Inserción Profesional a La Docência, Sevilha, 2008.

Sugestões de leitura

BUARQUE, Cristovam. *A aventura da universidade*. Rio de Janeiro: Paz e Terra/Unesp, 1999.

CAMPOS, Luiz Carlos; DIRANI, Ely Antonio Tadeu & MANRIQUE, Ana Lúcia (orgs.). *Educação em engenharia: novas abordagens*. São Paulo: Educ, 2011.

CASTANHO, Sérgio & CASTANHO, Maria Eugênia (orgs.). *Temas e textos em metodologia do ensino superior*. Campinas: Papirus, 2001.

HARGREAVES, Andy. *O ensino na sociedade do conhecimento*. Porto Alegre: Artmed, 2004.

Tema 2: IES, produção de conhecimento e formação profissional

UNESCO. *Declaração mundial sobre educação superior no século XXI: visão e ação – 1998*. Em Conferência Mundial sobre Educação Superior, Paris, 9-10-1998.

Sugestões de leitura

BELEI, Renata Aparecida *et al*. "Profissionalização dos professores universitários: raízes históricas, problemas atuais". Em *Revista Brasileira de Estudos Pedagógicos*. Brasília, vol. 87, nº 217, set.-dez. de 2006.

GARCIA, Regina L. & MOREIRA, Antônio Flávio B. (orgs.). *Currículo na contemporaneidade: incertezas e desafios*. São Paulo: Cortez, 2006.

PIMENTA, Selma Garrido & ANASTASIOU, Léa das Graças Camargo. *Docência no ensino superior*. São Paulo: Cortez, 2002.

ROBALLO, Davi. *O desafio do ensino superior*. Disponível em: http://daviroballo.blogspot.com/2009/10/desafio-do-ensino-superior.html. Acesso em 23-8-2010.

SANTOS, Acácia Aparecida Angeli dos; SISTO, Fermino Fernandes & JOLY, Maria Cristina Azevedo (orgs.). *Questões do cotidiano universitário*. São Paulo: Casa do Psicólogo, 2005.

SAVIANI, Demerval. "A expansão do ensino superior no Brasil: mudanças e continuidades". Em *Poíesis Pedagógica*, vol. 8, nº 2, ago.-dez. de 2010.

ZABALZA, Miguel A. "Os alunos universitários". *O ensino universitário, seu cenário e seus protagonistas*. Porto Alegre: Artmed, 2004. Capítulo 5.

Tema 3: O novo papel do professor na organização curricular e pedagógica

MASETTO, Marcos T. *Competência pedagógica do professor universitário*. 2ª ed. São Paulo: Summus, 2012.

MOREIRA, Antônio Flávio B. "Por entre ficções e descentramentos: discussões atuais de currículo e a Psicologia da Educação". Em: *Psicologia da Educação*, São Paulo, PUC-SP, vol. 17, nº 2, 2003.

Sugestões de leitura

FERNANDES (orgs.). *Questões do cotidiano universitário*. São Paulo: Casa do Psicólogo, 2005.

FERRAÇO, Carlos Eduardo (org.). *Cotidiano escolar, formação de professores(as) e currículo*. Série Cultura, Memória e Currículo, vol. 6. São Paulo: Cortez, 2005.

FORPEC. http://www.pucsp.br/forpec. Acesso em 5-7-2013.

LEITE, Carlinda. "O currículo e o exercício profissional docente face aos desafios sociais desta transição de século". Em _____. *Cotidiano escolar, formação de professores(as) e currículo.* Série Cultura, Memória e Currículo, vol. 6. São Paulo: Cortez, 2005.

MOREIRA, Antônio Flávio B. (org.) *Currículo: questões atuais.* Coleção Magistério Formação e Trabalho Pedagógico. 18ª ed. Campinas: Papirus, 2011.

_____ & TADEU, Tomaz (orgs.). *Currículo, cultura e sociedade*, vol. 1. 12ª ed. São Paulo: Cortez, 2011.

SACRISTÁN, José Gimeno. *O currículo: uma reflexão sobre a prática.* 3ª ed. Porto Alegre: Artmed, 1998.

Tema 4: Quem são os alunos do ensino superior

MASETTO, Marcos T. "Interação entre participantes do processo". Em *Competência pedagógica do professor universitário.* São Paulo: Summus, 2003. Capítulo 4.

VEEN, Wim & VRAKKING, Ben. "Conhecendo o Homo Zappiens". Em *Homo Zappiens: educando na era digital.* Porto Alegre: Artmed, 2009. Capítulo 2.

ZABALZA, Miguel A. "Os alunos universitários". Em *O ensino universitário, seu cenário e seus protagonistas.* Porto Alegre: Artmed, 2004. Capítulo 5.

Sugestões de leitura

GIL, Antonio Carlos. "Quem é o estudante universitário". Em *Didática do ensino superior.* São Paulo: Atlas, 2010. Capítulo 3.

MASETTO, Marcos T. "Aula: espaço de com-vivência e de interação entre adultos". Em *O professor na hora da verdade.* São Paulo: Avercamp, 2010. Capítulo 3.

MOREIRA, Antônio Flávio B. & CANDAU, Vera Maria (orgs.). *Multiculturalismo: diferenças culturais e práticas pedagógicas.* Vol. 1. 7ª ed. Petrópolis: Vozes, 2011.

PIMENTA, Selma Garrido & ANASTASIOU, Léa das Graças Camargo. "Docência e ensino: ensinar a quem?". Em *Docência no ensino superior.* Vol. I. São Paulo: Cortez, 2002. Capítulo 4.

SACRISTÁN, José Gimeno. *O aluno como invenção.* Trad. Daisy Vaz de Moraes. Porto Alegre: Artmed, 2005.

Tema 5: Como os alunos do ensino superior aprendem

KOLB, David A. *Experiential learning: experience as the source of learning and development.* Englewood Cliffs: Prentice Hall, 1984.

ROGERS, Jenny. *Aprendizagem de adultos: fundamentos para educação corporativa.* 5ª ed. Porto Alegre: Artmed, 2011.

SMITH, Mark K. "Andragogy". Em *The encyclopaedia of informal education*, 1999. Disponível em: http://www.infed.org/lifelonglearning/b-andra.htm. Acesso em 5-7-2013.

Sugestões de leitura

ANASTASIOU, Léa das Graças Camargo & ALVES, Leonir Pessate (orgs.). *Processos de ensinagem na universidade: pressupostos para as estratégias de trabalho em aula.* Joinville: Univille, 2003.

AQUINO, Carlos Tasso Eira. *Como aprender andragogia e habilidades de aprendizagem.* São Paulo: Pearson, 2007.

BATISTA, Gustavo Araújo & SILVA, Márcia Rodrigues Luiz da (trads.). *Estilos de aprendizagem Kolb.* Disponível em: http://www.fucamp.edu.br/wp-content/uploads/2010/10/11%C2%AA-GUSTAVO-E-M%C3%81RCIA.pdf. Acesso em 8-7-2013 ou no original em http://www.businessballs.com/kolblearningstyles.htm. Acesso em 8-7-2013.

CLAXTON, Guy. *O desafio de aprender ao longo da vida.* Porto Alegre: Artmed, 2005.

GIL, Antonio Carlos. *Didática do ensino superior.* São Paulo: Atlas, 2007.

MAMEDE, Silvia & PENAFORTE, Júlio (orgs.). *Aprendizagem baseada em problemas.* Fortaleza: Hucitec, 2001.

MASETTO, Marcos T. *Competência pedagógica do professor universitário.* 2ª ed. São Paulo: Summus, 2012. Capítulo 3.

_____. *O professor na hora da verdade: a prática docente no ensino superior.* São Paulo: Avercamp, 2010. Capítulo 2.

MUMFORD, Alan. *Aprendendo a aprender.* Pedro M. Sá de Oliveira e Giorgio Cappelli (trads.). São Paulo: Nobel, 2011.

POZO, Juan Ignácio. *Aprendizes e mestres: a nova cultura da aprendizagem.* Porto Alegre: Artmed, 2002.

Tema 6: As relações sociais em sala de aula e a aprendizagem colaborativa

PLACCO, Vera Maria Nigro de Souza & SOUZA, Vera Lucia Trevisan de (orgs.). *Aprendizagem do adulto professor*. São Paulo: Loyola, 2011.

TORRES, Patrícia Lupion; ALCANTARA, Paulo R. & IRALA, Esron Adriano Freitas. "Grupos de consenso: uma proposta de aprendizagem colaborativa para o processo de ensino-aprendizagem". Em *Revista Diálogo Educacional*, Curitiba, vol. 4, nº 13, set.-dez. de 2004. Disponível em http://www.redalyc.org/articulo.oa?id=189117791011. Acesso em 5-7-2013.

Sugestões de leitura

CUNHA, Maria Isabel da. *O professor universitário na transição dos paradigmas*. Araraquara: Junqueira & Marins Editores, 1999.

MASETTO, Marcos T. *O professor na hora da verdade: a prática docente no ensino superior*. São Paulo: Avercamp, 2010.

MORAN, José Manuel; MASETTO, Marcos T. & BEHRENS, Marilda. *Novas tecnologias e mediação pedagógica*. Campinas: Papirus, 2000.

MUMFORD, Alan. *Aprendendo a aprender*. Pedro M. Sá de Oliveira e Giorgio Cappelli (trads.). São Paulo: Nobel, 2011.

ROGERS, Jenny. *Aprendizagem de adultos: fundamentos para educação corporativa*. 5ª ed. Porto Alegre: Artmed, 2011.

SMITH, Mark K. "Learning theory". Em *The Encyclopedia of Informal Education*. Disponível em: http://www.infed.org/mobi/learning-theory-models-product-and-process/. Acesso em 5-7-2013.

VEIGA, Ilma Passos Alencastro & VIANA, Cleide Maria Quevedo Q. (orgs.). *Docentes para a educação superior: processos formativos*. Campinas: Papirus, 2010.

ZABALZA, Miguel A. *O ensino universitário, seu cenário e seus protagonistas*. Porto Alegre: Artmed, 2004.

_____. *Competencias docentes del profesorado universitario: calidad y desarrollo profesional*. Madri: Narcea Ediciones, 2006.

Tema 7: O trabalho em equipe do professor com os seus pares

CONTRERAS, José. *A autonomia de professores*. São Paulo: Cortez, 2002.

FULLAN, Michael & HARGREAVES, Andy. *A escola como organização aprendente: buscando uma educação de qualidade*. 2ª ed. Porto Alegre: Artmed, 2000.

OLIVEIRA, Dalila Andrade. "A reestruturação do trabalho docente: precarização e flexibilização". Em *Educação & Sociedade*, Campinas, vol. 25, nº 89, set.-dez. de 2004.

PERRENOUD, Philippe. *Dez competências para ensinar*. Porto Alegre: Artmed, 2000.

Sugestões de leitura

CHAVES, Michelly K. M. Fernandes. *A autonomia de professores na formação de docentes da educação superior*. Disponível em: http://www.webartigos.com/artigos/a-autonomia-de-professores-na-formacao-de-docentes-da-educacao-superior/19402/#ixzz20uIHWYiv. Acesso em 5-7-2013.

MOREIRA, Antônio Flávio B. "Em busca da autonomia docente nas práticas curriculares". Em *Teias*, vol. 13, nº 27, 2012.

POZO, Juan Ignácio. *Aprendizes e mestres: a nova cultura da aprendizagem*. Porto Alegre: Artmed, 2002.

TARDIF, Maurice & LESSARD, Claude. *O trabalho docente: elementos para uma teoria da docência como profissão de interações humanas*. 2ª ed. Petrópolis: Vozes, 2005.

Tema 8: A sala de aula como território do professor

Sugestões de leitura

ANASTASIOU, Léa das Graças Camargo & ALVES, Leonir Pessate (orgs.). *Processos de ensinagem na universidade: pressupostos para as estratégias de trabalho em aula*. Joinville: Univille, 2003.

MASETTO, Marcos T. *O professor na hora da verdade*. São Paulo: Avercamp, 2010.

_____. *Competência pedagógica do professor universitário*. 2ª ed. São Paulo: Summus, 2012.

PIMENTA, Selma Garrido & ANASTASIOU, Léa das Graças Camargo. *Docência no ensino superior*. São Paulo: Cortez, 2002.

TORRE, Saturnino de la (director). *Estrategias didácticas en el aula: buscando la calidad y la innovación*. Madri: UNED, 2008.

VEIGA, Ilma Passos Alencastro & CASTANHO, Maria Eugênia (orgs.). *Pedagogia universitária: a aula em foco*. Campinas: Papirus, 2000.

Tema 9: Planejar uma disciplina de um currículo

MASETTO, Marcos T. *O professor na hora da verdade: a prática docente no ensino superior.* São Paulo: Avercamp, 2010.

Sugestões de leitura

GIL, Antonio Carlos. *Didática do ensino superior.* São Paulo: Atlas, 2007.

LEMOV, Doug. *Aula nota 10: 49 técnicas para ser um professor campeão de audiência.* São Paulo: Da Boa Prosa/Fundação Lemann, 2011. Capítulo 2.

MASETTO, Marcos T. *Competência pedagógica do professor universitário.* 2ª ed. São Paulo: Summus, 2012.

VEIGA, Ilma Passos Alencastro & CASTANHO, Maria Eugênia (orgs.). *Pedagogia universitária: a aula em foco.* Campinas: Papirus, 2000.

ZABALA, Antoni. *A prática educativa.* Porto Alegre: Artmed, 1998.

Tema 10: Como adequar o volume do conteúdo à carga horária

TORRE, Saturnino de la (director). *Estrategias didácticas en el aula: buscando la calidad y la innovación.* Madri: UNED, 2008.

Sugestões de leitura

GIL, Antonio Carlos. *Didática do ensino superior.* São Paulo: Atlas, 2007.

MASETTO, Marcos T. *Ensino de engenharia: técnicas para otimização das aulas.* São Paulo: Avercamp, 2007.

_____. *O professor na hora da verdade.* São Paulo: Avercamp, 2010.

Tema 11: Docência com tecnologia faz a diferença?

MASETTO, Marcos T. *O professor na hora da verdade.* São Paulo: Avercamp, 2010.

Sugestões de leitura

BORDENAVE, Juan Dias & PEREIRA, Adair Martins. *Estratégias de ensino-aprendizagem.* 14ª ed. Petrópolis: Vozes, 1994.

CEBRIAN, Manuel (coord.). *Enseñanza virtual para la innovación universitaria.* Madri: Narcea, 2003.

GIL, Antonio Carlos. *Didática do ensino superior*. São Paulo, Atlas, 2007.

LEMOV, Doug. *Aula nota 10: 49 técnicas para ser um professor campeão de audiência*. São Paulo: Da Boa Prosa/Fundação Lemann, 2011.

LOWMAN, Joseph. *Dominando as técnicas de ensino*. São Paulo: Atlas, 2004.

MASETTO, Marcos T. *Ensino de engenharia: técnicas para otimização das aulas*. São Paulo: Avercamp, 2007.

_____. *Competência pedagógica do professor universitário*. 2ª ed. São Paulo: Summus, 2012.

MORAN, José Manuel; MASETTO, Marcos & BEHRENS, Marilda. *Novas tecnologias e mediação pedagógica*. Campinas: Papirus, 2000.

VEIGA, Ilma Passos Alencastro (org.). *Técnicas de ensino: por que não?* Campinas: Papirus, 1991.

VEIGA, Ilma Passos Alencastro & CASTANHO, Maria Eugênia (orgs.). *Pedagogia universitária: a aula em foco*. Campinas: Papirus, 2000.

Tema 12: Existe um modo diferente de avaliar

Sugestões de leitura

ANASTASIOU, Léa das Graças Camargo & ALVES, Leonir Pessate (orgs.). *Processos de ensinagem na universidade: pressupostos para as estratégias de trabalho em aula*. Joinville: Univille, 2003.

BARLOW, Michel. *Avaliação escolar: mitos e realidade*. Porto Alegre: Artmed, 2006.

GIL, Antonio Carlos. *Didática do ensino superior*. São Paulo: Atlas, 2007.

LEMOV, Doug. *Aula nota 10: 49 técnicas para ser um professor campeão de audiência*. São Paulo: Da Boa Prosa/Fundação Lemann, 2011.

MASETTO, Marcos T. *Ensino de engenharia: técnicas para otimização das aulas*. São Paulo: Avercamp, 2007.

_____. *O professor na hora da verdade*. São Paulo: Avercamp, 2010.

_____. *Competência pedagógica do professor universitário*. 2ª ed. São Paulo: Summus, 2012.

Tema 13: Ofício de professor

BAIN, Ken. *Lo que hacen los mejores profesores universitarios*. 2ª ed. Valência: Publicacions de la Universitat de Valencia, 2007.

MASETTO, Marcos T. *Competência pedagógica do professor universitário*. 2ª ed. São Paulo: Summus, 2012.

PERRENOUD, Philippe & THURLER, Monica. *As competências para ensinar no século XXI*. Porto Alegre: Artmed, 2002.

ROGERS, Jenny. *Aprendizagem de adultos: fundamentos para educação corporativa*. 5ª ed. Porto Alegre: Artmed, 2011.

ZABALZA, Miguel A. *O ensino universitário, seu cenário e seus protagonistas*. Porto Alegre: Artmed, 2004.

_____. *Competencias docentes del profesorado universitario: calidad y desarrollo profesional*. Madri: Narcea, 2006.

Sugestões de leitura

CUNHA, Maria Isabel da. *O professor universitário na transição dos paradigmas*. Araraquara: Junqueira & Marins Editores, 1999.

_____; SOARES, Sandra Regina & RIBEIRO, Marinalva Lopes (orgs.). *Docência universitária: profissionalização e práticas educativas*. Feira de Santana: UEFS Editora, 2009.

MASETTO, Marcos T. (org.) *Docência na universidade*. Campinas: Papirus, 1998.

_____. *O professor na hora da verdade*. São Paulo: Avercamp, 2010.

MORAN, José Manuel; MASETTO, Marcos T. & BEHRENS, Marilda. *Novas tecnologias e mediação pedagógica*. Campinas: Papirus, 2000. Capítulo 2.

PIMENTA, Selma Garrido & ALMEIDA, Maria Isabel (orgs.). *Pedagogia universitária: caminhos para a formação de professores*. São Paulo: Cortez, 2011.

SEVERINO, Francisca Eleodora Santos (org.). *Ética e formação de professores*. São Paulo: Cortez, 2011.

UNESCO. *Declaração mundial sobre educação superior no século XXI: visão e ação*. Paris: 1998.

VASCONCELOS, Maria Lucia. *A formação do professor do ensino superior*. 2ª ed. São Paulo: Pioneira, 1999.

VEIGA, Ilma Passos Alencastro & VIANA, Cleide Maria Quevedo Q. (orgs.). *Docentes para a educação superior: processos formativos*. Campinas: Papirus, 2010.

Tema 14: Profissionalidade e carreira docente

FANFANI, Emilio Tenti. "Consideraciones sociológicas sobre profesionalización docente". Em *Educação & Sociedade*, Campinas, vol. 28, nº 99, maio-ago. de 2007.

GATTI, Bernardete A. *Os professores e suas identidades: o desvelamento da heterogeneidade*. Cadernos de Pesquisa da Fundação Carlos Chagas, São Paulo, nº 98, 1996.

IMBERNÓN, Francisco. *Formação permanente do professorado: novas tendências*. São Paulo: Cortez, 2000.

PERRENOUD, Philippe. *Dez competências para ensinar*. Porto Alegre: Artmed, 2000.

ROLDÃO, Maria do Céu. "Profissionalidade docente em análise: especificidades dos ensinos superior e não superior". Em: *Nuances: Estudos sobre Educação*, Presidente Prudente, ano XI, vol. 12, nº 13, jan.-dez. de 2005.

SACRISTÁN, José Gimeno. *O currículo: uma reflexão sobre a prática*. 3ª ed. Porto Alegre: Artmed, 1998.

SCHÖN, Donald A. *Formar professores reflexivos*. Lisboa: Dom Quixote, 1983.

ZABALZA, Miguel A. *O ensino universitário: seu cenário e seus protagonistas*. Porto Alegre: Artmed, 2004.

ZEICHNER, Ken. *A formação reflexiva de professores: ideias e práticas*. Lisboa: 1990.

Sugestões de leitura

CLAXTON, Guy. *O desafio de aprender ao longo da vida*. Porto Alegre: Artmed, 2005.

CUNHA, Maria Isabel da; SOARES, Sandra Regina & RIBEIRO, Marinalva Lopes (orgs.). *Docência universitária: profissionalização e práticas educativas*. Feira de Santana: UEFS Editora, 2009.

FLORES, Maria Assunção & SIMÃO, Ana M. Veiga. *Aprendizagem e desenvolvimento profissional de professores: contextos e perspectivas*. Ramada: Edições Pedago, 2009.

GATTI, Bernadete. *Atratividade da carreira docente no Brasil*. Relatório da Fundação Carlos Chagas, outubro de 2009.

IMBERNÓN, Francisco. *Formação docente e profissional: formar-se para a mudança e incerteza*. São Paulo: Cortez, 2000.

MARTINEZ, Miguel. *Profissão docente*. São Paulo: Summus, 2009.

MENGA, Lüdke & BOING, Luiz Alberto. "Caminhos da profissão e da profissionalidade docentes". Em *Educação & Sociedade*, Campinas, vol. 25, nº 89, set.-dez. de 2004.

PERRENOUD, Philippe. *Formação docente do professorado: novas tendências*. São Paulo: Cortez, 2009.

ROLDÃO, Maria do Céu. *Função docente: natureza e construção do conhecimento profissional.* Em *Revista Brasileira de Educação*, vol. 12, nº 34, jan.-abr. de 2007.

TARDIF, Maurice. *Saberes docentes e formação profissional.* Petrópolis: Vozes, 2009.

_____ & LESSARD, Claude. *Ofício de professor.* 3ª ed. Petrópolis: Vozes, 2009.

VEIGA, Ilma Passos Alencastro & VIANA, Cleide Maria Quevedo Q. (orgs.). *Docentes para a educação superior: processos formativos.* Campinas: Papirus, 2010.

Tema 15: Ousar e inovar na atuação docente

IMBERNÓN, Francisco. "Amplitude e profundidade do olhar: a educação ontem, hoje e amanhã". Em _____. (org.). *A educação no século XXI.* Porto Alegre: Artmed, 2000.

MASETTO, Marcos T. *Inovação curricular no ensino superior.* São Paulo: Loyola, 2012.

Sugestões de leitura

CANÁRIO, Rui. *A escola tem futuro? Das promessas às incertezas.* Porto Alegre: Artmed, 2006.

CUNHA, Maria Isabel da. "Formação docente e inovação: epistemologias e pedagogias em questão – XIV Endipe". Em EGGERT, Edla *et al.* (orgs.). *Trajetórias e processos de ensinar e aprender: didática e formação de professores.* Porto Alegre: Editora da PUC-RS, 2008. Liv. 1.

FREIRE, Paulo. *Pedagogia da autonomia: saberes necessários à prática educativa.* São Paulo: Paz e Terra, 1996.

MARCHESI, Álvaro. *O bem-estar dos professores: competências, emoções e valores.* Porto Alegre: Artmed: 2008.

MASETTO, Marcos T. "Inovação educacional e formação de professor". Em *Revista de Educação ANEC*, ano 38, nº 151, jul.-dez. de 2009.

_____. *O professor na hora da verdade.* São Paulo: Avercamp, 2010.

_____. *Inovação no ensino superior.* São Paulo: Loyola, 2011.

Apêndice 2: Tipos de IES conforme sua organização

BUARQUE, Cristovam. *A universidade numa encruzilhada.* Brasília: Ministério da Educação/Unesco, 2003.

Índice

Apêndice 1 – Organização do ensino, 121
Apêndice 2 – Tipos de IES conforme sua organização, 123
Aprendizagem colaborativa, 54
Aprendizagem e a mudança, A, 45
Aprendizagem ocorre em ciclos, A, 48
Aprendizagem ocorre em estágios, A, 47
Apresentação, 9
Autonomia do trabalho docente, 60
Bibliografia, 125
Características dos alunos do ensino superior, 37
Com o que trabalhamos?, 21
Como planejar uma aula como território do professor e do aluno?, 66
Compreendendo o processo de avaliação, 91
Elementos que compõem um plano de disciplina, Os, 72
    Avaliação, 74
    Bibliografia, 75
    Conteúdo programático, 73
    Objetivos, 72
    Técnicas, 73
Ensino na graduação, O, 18
Exemplos de técnicas para serem usadas em aula, 82
Exercício da dimensão política, O, 102
Feedback, 50

Formação ao longo da vida, 106
Formação profissional e o projeto pedagógico de um curso, 28
Instituições de ensino superior e a formação do profissional, As, 22
Jovem adulto, O, 35
Nota do editor, 7
Novo professor e o engajamento com o currículo, O, 25
O que se entende por competência?, 98
    Competência na área pedagógica, 100
    Competência numa área de conhecimento, 98
Onde trabalhamos?, 15
Organização do ensino superior, A, 16
Parte 1 – Onde e com o que nós, docentes do ensino superior, trabalhamos, 13
Parte 2 – Com quem trabalhamos no ensino superior, 33
Parte 3 – Como trabalhamos no ensino superior, 63
Parte 4 – Como podemos fazer a diferença, 95
Planejamento de uma disciplina integrado a um currículo, O, 71
Postura do professor, 88
Professor como mediador e aprendiz no processo, O, 55
Professor e os alunos do ensino superior, O, 41
Projeto pedagógico: um documento importante, 29
Propósito da avaliação, 90
Reflexão sobre a prática docente, 108
    Carreira docente, 110
    Cuidados da carreira docente, 112
Resultados de uma nova organização de conteúdos, 79
Sala de aula: espaço e tempo do professor e do aluno, A, 66
Sentido de fazer um planejamento, O, 69
Técnicas avaliativas, 92
Técnicas como instrumento para aprendizagem, 82
Tecnologias de informação e comunicação, 87
Tema 1 – Instituição de ensino superior: local de trabalho do professor, 15
Tema 2 – IES, produção de conhecimento e formação profissional, 21
Tema 3 – O novo papel do professor na organização curricular e pedagógica, 25

Tema 4 – Quem são os alunos do ensino superior, 35
Tema 5 – Como os alunos do ensino superior aprendem, 43
Tema 6 – As relações sociais em sala de aula e a aprendizagem colaborativa, 53
Tema 7 – O trabalho em equipe do professor com os seus pares, 57
Tema 8 – A sala de aula como território do professor, 65
Tema 9 – Planejar uma disciplina de um currículo, 69
Tema 10 – Como adequar o volume do conteúdo à carga horária, 77
Tema 11 – Docência com tecnologia faz a diferença? 81
Tema 12 – Existe um modo diferente de avaliar, 89
Tema 13 – Ofício de professor, 97
Tema 14 – Profissionalidade e carreira docente, 105
Tema 15 – Ousar e inovar na atuação docente, 115
Trabalho colaborativo, O, 61
Uma sugestão para a organização de conteúdos, 77